FISCHER

Aus Verantwortung für die Umwelt hat sich der Fischer Kinder- und Jugendbuch Verlag zu einer nachhaltigen Buchproduktion verpflichtet. Der bewusste Umgang mit unseren Ressourcen, der Schutz unseres Klimas und der Natur gehören zu unseren obersten Unternehmenszielen.

Gemeinsam mit unseren Partnern und Lieferanten setzen wir uns für eine klimaneutrale Buchproduktion ein, die den Erwerb von Klimazertifikaten zur Kompensation des CO_2-Ausstoßes einschließt.

Weitere Informationen finden Sie unter www.klimaneutralerverlag.de

Weitere Informationen zum Kinder- und Jugendbuchprogramm der S. Fischer Verlage finden Sie unter www.fischerverlage.de

MIX
Papier aus verantwortungsvollen Quellen
FSC
www.fsc.org
FSC° C084279

Bildnachweis:
S. 6, 11, 14, 35, 36, 40, 48, 59, 68, 78, 89, 99, 117, 121, 133, 148, 151, 163, 164, 179, 188 © Alexandra Maria Fotografie
S. 19, 22 © Sina Spindler Photography
S. 30, 138 © Sascha Hübschmann
S. 52, 64, 191 © Frau Herz
S. 110 © Eva Kaiser

Originalausgabe

Erschienen bei FISCHER New Media Frankfurt am Main, Dezember 2020
© 2020 Fischer Kinder- und Jugendbuch Verlag GmbH,
Hedderichstr. 114, D-60596 Frankfurt am Main

Lektorat: Tatjana Weichel
Layout: Alexandra Woite
Satz: MT-Vreden
Druck und Bindung: Print Consult GmbH, München
Printed in Slovakia
ISBN 978-3-7335-5007-3

FRAU HERZ

ENTDECKE DIE

Heldin

IN DIR

S. FISCHER

Kapitel I Um dich rum

Kapitel II In dir drin

Kapitel III Deine neue Vision

DU BIST ALLES, WAS DU HAST!

Herzlich willkommen

AUF DER REISE ZU DEINER HELDIN

Wie schön, dass du gerade jetzt genau diese Zeilen liest und bereit bist, dich auf die Reise zu deiner eigenen inneren Heldin zu begeben. Ich freue mich unglaublich darüber, dass du dich für dieses Buch entschieden hast, und bin schon ganz vorfreudig, mit dir durch diese spannende neue Zeit zu gehen.

LASS MICH DIR GLEICH ZU BEGINN SAGEN: DIE HELDIN, VON DER ICH SPRECHE, IST NICHTS, WAS DU ERST FINDEN ODER ERREICHEN MUSST. DIE HELDIN, VON DER ICH SPRECHE, IST EIN TEIL VON DIR, DER SCHON IMMER IN DIR UND MIT DIR LEBT.

Es ist der Teil von dir, der die Wahrheit liebt. Deine innere Heldin steht zu ihren Gefühlen und kennt sie auch gut. Sie möchte sich nicht für Bedürfnisse rechtfertigen oder gar verstecken. Deine innere Heldin kennt den Weg deines Herzens, sie glaubt an sich selbst, sie lebt im Vertrauen und kennt ihre eigenen Ziele und Wünsche.

Jede von uns trägt diesen Anteil in sich. Die einen nennen diesen Anteil die eigene innere Intuition, andere sprechen von einer Weisheit, einem unversehrten Kern, der alten klugen Frau oder der eigenen Göttlichkeit. Doch ich nenne diesen Teil von mir ganz bewusst meine innere Heldin: Denn es hat etwas Heldenhaftes und Mutiges, an sich selbst zu glauben und sich mit sich selbst so intensiv zu beschäftigen.

Wenn wir doch alle diesen Anteil in uns haben, warum leben wir ihn nicht alle aus? Warum ist es für viele von uns so wahnsinnig schwer, Zeit mit uns zu verbringen und dabei den eigenen Wünschen und Bedürfnissen zu begegnen?

Es liegt an festgefahrenen Glaubenssätzen, Mustern und Annahmen, die wir vom Leben haben. Es liegt an dem Umfeld, in dem wir uns bewegen, es liegt an unserer Art zu leben – und vor allem an unserer Vergangenheit. Denn all das, was wir jetzt in der Gegenwart glauben und leben, ist das, was sich in der Vergangenheit bewährt hat. Wir haben Erfahrungen und Erlebnisse abgespeichert und nehmen sie als Maßstab für das, was wir jetzt denken, fühlen, machen. Und genau hier ist der Einfluss der Menschen, die uns nahestehen, sehr groß.

WENN DU DEIN LEBEN LANG GEHÖRT HAST, DASS DU NICHT SO EIN TRÄUMERCHEN SEIN SOLLST, WIRST DU DICH JETZT SCHWERTUN, BUNTE TRÄUME VON DEINER ZUKUNFT ZU HABEN.

Wenn du immer gehört hast »Hör auf zu heulen, du Sensibelchen«, wirst du irgendwann angefangen haben, dich dafür zu schämen, dass du emotional und feinfühlig bist. Hast du aufgrund deiner Vergangenheit den Glaubenssatz »Ich bin nicht liebenswert«, »Ich habe das nicht verdient« oder »Ich werde niemals einen Partner finden«, dann wirst du dich selbst definitiv anders behandeln, als wenn diese Sätze »Ich bin einzigartig, voller Vertrauen und Liebe« oder »Ich kann alles schaffen« lauten würden.

Und genau deshalb haben wir oft Mauern um unsere innere Heldin gebaut oder sie irgendwo in uns versteckt. Tief in uns, wo wir sie selbst nicht mehr finden. Doch sie ist da. Sie ist immer da. Vielleicht spürst du

manchmal, dass in dir drin ein Drang entsteht, etwas auszusprechen – und du dich dann trotzdem nicht traust. Vielleicht würdest du manchmal gern total ausrasten und alles rauslassen – schämst dich dann aber und reißt dich weiter zusammen. Das ist ein guter Impuls dafür, dass deine innere Heldin doch immer wieder mit dir Kontakt aufnimmt, du aber noch nicht gelernt hast, auf diese Stimme zu vertrauen.

Vielleicht ist es auch so, dass du eigentlich immer ganz gut mit dir selbst verbunden warst und ein gutes Gespür für deine Gefühle und Bedürfnisse hattest. Und dann gab es einen bestimmten Vorfall oder ein Erlebnis in deinem Leben, bei dem du dich von diesem Anteil in dir distanziert hast. Vielleicht hast du ihn in einer komplizierten Beziehung, nach einem Übergriff oder einem Todesfall irgendwie abgelegt oder versteckt. Dann lass mich dir sagen: Das hast du gut gemacht. Denn das ist eine Schutzstrategie, die ihren Sinn hat. Sonst hätte deine Seele einen anderen Weg gewählt. Ärgere dich nicht, wenn du dir denkst: »Früher war ich doch ganz anders, aber jetzt blockiere ich mich selbst«, sondern freue dich darüber, dass du dich noch gut daran erinnern kannst, wie du einmal warst. Und dass du nur all diese Mauern finden musst, um sie Stück für Stück wieder abzubauen, damit du dir selbst wieder nahekommen kannst. Der Teil von dir, den du vermisst, ist nicht weg. Er ist nur woanders.

Ich würde dir jetzt gerne die Sicherheit geben, dass es ein Kinderspiel sein wird, diesen Ort in dir zu finden und wieder aufleben zu lassen. Aber das kann ich nicht. Was ich dir sagen kann, ist: Es wird erleichternd und erfüllend sein. Mit jedem Schritt wird es in dir eine Veränderung geben. Doch es gibt auch Stellen und Entscheidungen, die dir nicht leichtfallen werden, die kein Kinderspiel sein werden.

VIELLEICHT GIBT ES AUCH ERKENNTNISSE, DIE DICH ERST MAL ÜBERFORDERN. TAGE, AN DENEN ES DICH ZURÜCK IN ALTE MUSTER WIRFT. DAS IST ALLES ABSOLUT OKAY UND DARF AUCH SEIN. DENN ALLES IM LEBEN BESTEHT AUS EINER STETIGEN VERÄNDERUNG.

Der Weg zu sich selbst ist manchmal nicht ganz so einfach, sonst wäre ja jeder von uns tief mit sich selbst verbunden, im Vertrauen und der Liebe lebend, und könnte sich supergut akzeptieren und annehmen. Doch alte Muster müssen oft erst mal erkannt und abgelegt werden. Denn manchmal sind wir so sehr eins mit ihnen, dass es schwer ist, sie richtig zu identifizieren.

Doch es lohnt sich! Es lohnt sich so sehr, ein Leben zu leben, welches du selbst bestimmst! Du hast alles Glück der Welt verdient und solltest dich frei machen von den Erwartungen und Illusionen der Menschen um dich rum. Das sind meistens nämlich gar nicht deine eigenen Wertvorstellungen.

In meinem ersten Buch »*Von der Magie, deine eigene Heldin zu sein*« erzähle ich dir von meinem persönlichen Weg. Er war gezeichnet von viel Unsicherheit, Depressionen und Angst, von Zweifeln und dem großen Wunsch nach Harmonie und Kontrolle. Doch es war mein ganz großer Wunsch, einmal ein Buch zu schreiben. Als ich nur ein paar Tage nach der Veröffentlichung im September 2019 den Anruf von meinem Verlag erhielt, dass ich es auf die Spiegel-Bestseller-Liste geschafft habe, liefen mir einfach nur die Tränen die Wangen herunter. Mich mit dem Buch so offen und verletzlich zu zeigen, hat Überwindung und viel Arbeit gekostet, doch gleichzeitig konnte ich Tausenden anderen jungen Frauen bei ihrem Prozess eine Hilfe sein. Mich erreichten unzählige Mails und private Nachrichten, und immer wieder kam die Frage auf:
»Ich fühle mich so viel besser nach deinem Buch, verstehe mich selbst mehr, doch wie kann ich diese Klarheit nutzen, um mein ganzes Potenzial zu leben und für mein eigenes Traumleben loszugehen?«

Aus diesem Grund ist dieses Workbook entstanden. In diesem Workbook möchte ich dir dabei helfen, die Verbindung zu deiner eigenen Heldin aufzunehmen und all das Gelernte umzusetzen. In den nächsten Kapiteln warten Wissen, neue Ansätze und einige Tools und Techniken auf dich, die dich gezielt weiterbringen sollen. Die einzelnen Lektionen sind lösungsorientiert aufgebaut und eignen sich super, um deine ganz eigenen und individuellen Ansichten zu erforschen.

Wenn du bereit bist, deine eigene innere Heldin zu finden und dein Leben so zu verändern, dass es dich wirklich erfüllt und glücklich macht, dann lass uns am besten gleich damit starten! Ich würde dir gerne zu Beginn noch ein bisschen was über mich erzählen, damit du mich besser kennenlernst, vor allem, falls du mein erstes Buch noch nicht gelesen hast.

Dieses Workbook ist wie mein Buch auch sehr persönlich geschrieben, und es fühlt sich vielleicht besser für dich an, wenn du auch weißt, was ich für ein Mensch bin.
Ich heiße Alexandra, bin aber eher bekannt unter dem Namen Frau Herz. Ich finde, er passt ganz gut zu mir, da ich mein Leben eigentlich immer nach den Bedürfnissen meines Herzens ausrichte.

UND NUR WEIL ICH DIE AUTORIN DIESES BUCHES BIN, BIN ICH KEIN STÜCK BESSER ALS DU. ICH BIN GENAU WIE DU, ICH HABE KEINE ANDEREN VORAUSSETZUNGEN IN DIESEM LEBEN GEHABT, KEINE VORTEILE. ICH HABE NICHT MEHR GLÜCK ODER MEHR VERTRAUEN MIT IN DIE WIEGE GELEGT BEKOMMEN.

Vermutlich habe ich nur manche Chancen früher erkannt. Vielleicht bin ich durch manche Kapitel des Lebens früher gegangen. Doch ich möchte, dass du mich auf Augenhöhe siehst. Ich zeige dir in diesem Buch das, was mir geholfen hat, mir näherzukommen. Ich möchte dich nicht belehren.

Begleitend zu diesem Buch möchte ich dir auch meinen Podcast »laut & glücklich« ans Herz legen. Es gibt dort sehr viele Folgen über Selbstliebe, Persönlichkeitsentwicklung, interessante Interviews und Meditationen. Ebenfalls kannst du auf Instagram unter »frauherz« verfolgen, was mich gerade so beschäftigt. Mein Fokus liegt in allen Bereichen darauf, Menschen zu helfen, ihren Traum zu finden und ihn zu leben. Deshalb begleite ich viele Menschen in und durch die Selbstständigkeit. Workshops, Retreats und Reisen zum Thema Persönlichkeitsentwicklung und

ICH BIN WIE DU

Geh und lebe deinen Traum!

Selbstständigkeit sind mein Stecken-pferd. Ich liebe es einfach, mich mit Menschen zu verbinden und sie da-nach auch richtig sichtbar zu machen. Da ich seit meinem 16. Lebensjahr als selbstständige Fotografin arbeite, wähle ich aber am liebsten dieses Me-dium, um mich auszudrücken und an-dere sichtbar zu machen. Fotografie-ren und schreiben sind meine Wege, Emotionen auszudrücken.

Mich selbst, meine Vergangenheit und meinen Körper habe ich in der Ausbil-dung der kreativen Tanz- & Ausdruckstherapeutin erforscht und kennengelernt. Das war mein größter Prozess, um mich selbst wirklich zu spüren und selbst zu verwirklichen.

Ich bin ein wahrnehmungsorientierter Mensch, sehr spirituell, weltoffen, spontan und positiv. Mein Gefühl zeigt mir immer den Weg, und meine innere Heldin fühlt sich am freiesten, wenn sie tanzen und lachen darf. Musik, Reisen und Geborgenheit sind mir dabei die besten Wegbegleiter.

Die Melancholie ist eine meiner größten Inspirationen. Ich liebe leise Momente, langsame Musik und ganz viel Zeit zum Nachdenken. Dabei bin ich am liebsten draußen unterwegs. Es leben auch viele traurige Gefühle in mir, ohne die ich gar nicht leben möchte. Denn sie machen mich weich, sensibel und zugänglich für andere.

IN DEN BERGEN FÜHLE ICH MICH FREI UND MIT MIR SELBST VERBUNDEN. VOR ALLEM FÜHLE ICH MICH DORT MEINEM PAPA SEHR NAH, DEN ICH MIT NUR 21 JAHREN BEIM STERBEN BEGLEITEN DURFTE.

Der Tod meines Papas hat mein Leben definitiv am meisten verändert. Nach einer langen Phase von Schock, Verdrängung, Depression und Trauma folgte meine Transformation. Ich wollte, dass all seine guten Eigenschaften in mir weiterleben, ich wollte ihn weiter durch die Welt tragen und sein Licht immer wieder in mir leuchten lassen. Das war mein größter Antrieb, meinen Weg zu beginnen.

Und ich befinde mich immer noch auf diesem Weg. Entwicklung ist nie abgeschlossen, unsere Persönlichkeit nie fertig ausgereift. Selbstliebe ist ein Prozess, und es warten jeden Tag neue Herausforderungen und Möglichkeiten.

Zusammen mit meinem Freund lebe ich im Herzen Frankens, und wenn dieses Workbook auf den Markt kommt, bin ich gerade das erste Mal Mama geworden. Das bedeutet, dass bei der Entstehung all dieser Kapitel auch noch ein weiteres Herz in mir geschlagen hat.

Hier ist es also, mein zweites Buch. Ein Workbook. Dein Workbook. Lass uns beginnen, deine eigene Geschichte zu schreiben! Lerne dich besser kennen und fange an, all das Kreative in dir zu entflammen und auszuleben!

Here we are! Ich freue mich auf diese Zeit mit dir!

Meine innere Einstellung

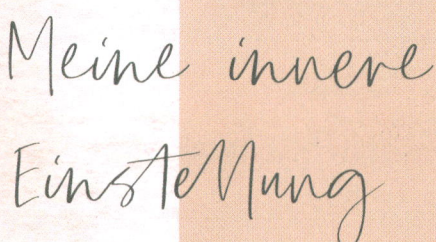

DIE BEZIEHUNG, DIE DU MIT DIR SELBST FÜHRST, IST DIE GRUNDLAGE FÜR JEDE BEZIEHUNG, DIE DU IN DEINEM LEBEN EINGEHEN WIRST.

Buchaufbau

Dieses Buch ist in drei große Hauptkapitel aufgeteilt. Wir beginnen mit dem, was um uns rum ist, begeben uns dann zu den Dingen, die in uns stattfinden und nehmen im dritten Kapitel mit viel Anlauf den Sprung in die Zukunft. Denn wichtig ist ja, wie wir all das umsetzen und endlich losgehen, wenn wir jetzt schon so fleißig in uns aufgeräumt haben.

Deshalb lohnt es sich diesmal sehr, das Buch Seite für Seite durchzuarbeiten. Natürlich kannst du einzelne Seiten auslassen, wenn das Thema nicht so relevant oder auch schon umgehend bearbeitet wurde. Doch die einzelnen Unterkapitel sind in einer bestimmten Reihenfolge angeordnet, so dass alles aufeinander aufbaut und einen Sinn ergibt.

Es ist zudem praxisorientiert gestaltet, mit Fokus auf Lösungen: Wie gehe ich jetzt damit um? Was kann ich ändern? Wo und vor allem wie fange ich an? Überwiegend hast du in den meisten Kapiteln genug Platz, um Fragen zu beantworten, Gedanken einzutragen und Aufgaben zu erledigen.

Nutze die freien Seiten, um deine Gedanken und Impulse direkt aufzuschreiben. Das ist nicht nur für jetzt wichtig, sondern vor allem auch für später. Viel zu oft haben wir Erkenntnisse, die im Sand verlaufen, weil wir sie nicht dokumentieren. Doch vielleicht nimmst du dieses Buch in ein paar Jahren in die Hand und liest deine eigenen Worte. Vielleicht merkst du dann, dass diese Zeilen wieder einen ganz neuen Wert bekommen. Deshalb gilt: alles aufs Papier bringen, was in dir rumschwirrt! Denn was aus dir rauskommt, steckt schon mal nicht länger in dir fest!

Nimm dir gern einen Textmarker und unterstreiche alles, was in dir drin etwas berührt oder dir einen neuen Impuls gibt. Arbeite mit Post-its, dieses Buch ist dazu da, genutzt zu werden und mit dir zu leben!

Kapitel 1
UM DICH RUM

In diesem Kapitel geht es um alles, was um dich herum stattfindet. All das, was einen Einfluss oder vielmehr eine Wirkung auf dich hat. Ich nenne es ganz allgemein gesagt fortgehend dein Umfeld. Das sind nicht nur die Personen, die um dich und mit dir leben, sondern auch dein Zuhause, Social Media oder auch deine Art und Weise, dich in Aussehen und Kleidung auszudrücken.

Vielen von uns fällt es sehr schwer, sich gleich am Anfang mit Gefühlen und inneren Themen auseinanderzusetzen. Von daher beginnen wir von außen nach innen und nicht andersherum. Denn oft ist es leichter, erst mal zu verstehen, vor wem oder was wir unsere Mauern gebaut haben oder warum wir gelernt haben, uns so zu verhalten, wie wir uns oft verhalten. Wir fragen uns immer wieder »warum ist das so?«, anstatt erst mal eine Bestandsaufnahme zu machen und zu sagen: »Was war denn der Auslöser dafür?«

Wir versuchen dann, in uns selbst Dinge zu verändern, und verstehen nicht, warum wir uns irgendwie trotzdem nie vom Fleck bewegen. Warum wir in den Rollen bleiben und unser Umfeld ganz schwer mit unserer Veränderung umgehen kann.

Das Wort »Außeneinwirkung« sagt es schon so schön, es geht um das, was von außen auf uns einwirkt. Es wirkt nämlich nicht nur vor uns oder um uns rum, sondern es wirkt in uns drin. In unserem Innen. Doch das erkennen wir oft gar nicht.

In diesem Kapitel beschäftigen wir uns also mit der Energie, die um dich herum schwingt. Dabei rate ich dir, deine Perspektive immer wieder zu verändern:

Wie blickst du von deinem Standpunkt aus auf die Situation?
Und wie fühlt es sich an, wenn du von außen auf dich selbst blickst?

All das schauen wir uns jetzt mal genau an!

Dein Umfeld

WAS IST UM DICH RUM?

Unser Umfeld ist einer der größten Einflüsse, den wir in unserem Leben haben.

Jeder Mensch in unserem Leben hat eine gewisse Wirkung auf uns. Du kennst das bestimmt selbst. Es gibt Freunde, mit denen kannst du supergut über Probleme reden, andere sind perfekt, um gemeinsam feiern zu gehen. Mit jedem in den Urlaub fahren, das kannst du dir sicher auch nicht vorstellen. Aber du bevorzugst ganz bestimmte Freunde, wenn du über ein wichtiges Thema sprechen möchtest oder einen guten Rat brauchst. Manchmal haben wir jedoch Menschen in unserem Leben, die uns irgendwie nicht guttun. Trotzdem fällt es uns schwer, Distanz zu suchen. Denn wir wollen ja niemanden verletzen, und wir wollen auch nicht, dass andere schlecht über uns denken.

Du bist der Durchschnitt der fünf Menschen, die dich umgeben. Vielleicht hast du diesen Satz schon einmal gehört. Deshalb solltest du dir jetzt mal anschauen, wer genau diese Menschen sind, die dich umgeben – und welchen Einfluss sie auf dich haben. Denn mit ihnen verbringst du am meisten Zeit. Aber Vorsicht: Es geht nicht um die Menschen, die dir am wichtigsten sind, sondern um die, die am meisten in deinem Alltag oder in deinen Gedanken sind. Das kann durchaus auch dein Chef, dein Mitbewohner oder eine anstrengende Arbeitskollegin sein.

Nutze die folgenden Seiten, um genau hinzuschauen. Wie wirken diese Beziehungen auf dich? Was sind die Themen, über die ihr sprecht? Was verbindet euch? Wie fühlst du dich in der Gegenwart dieser Person? Wie sieht sie dich? Und wie viel Freiraum hast du in dieser Beziehung?

Du wirst sehen, es ist gar nicht so leicht, das zu definieren. Doch es hilft dir ungemein dabei, festzustellen, warum manche deiner Ansätze und Einstellungen so sind, wie sie sind. Oder warum du dich bei unterschiedlichen Menschen unterschiedlich fühlst und sie alle eine andere Wirkung auf dich haben.

NAME

DER EINFLUSS AUF MICH

MEIN GEFÜHL ZU UNS

UNSERE THEMEN ODER AKTIVITÄTEN

DAS WÜRDE MIR HELFEN

NAME

DER EINFLUSS AUF MICH

MEIN GEFÜHL ZU UNS

UNSERE THEMEN ODER AKTIVITÄTEN

DAS WÜRDE MIR HELFEN

Im Kapitel »Deine Rollen« vertiefen wir dieses Thema. Hier bekommst du ein Gefühl, welche verschiedenen Muster und Strategien du dir angeeignet hast. Vielleicht erkennst du auch, welche du nur vor bestimmten Personen lebst.

NAME

DER EINFLUSS AUF MICH

MEIN GEFÜHL ZU UNS

UNSERE THEMEN ODER AKTIVITÄTEN

DAS WÜRDE MIR HELFEN

NAME

DER EINFLUSS AUF MICH

MEIN GEFÜHL ZU UNS

UNSERE THEMEN ODER AKTIVITÄTEN

DAS WÜRDE MIR HELFEN

NAME

DER EINFLUSS AUF MICH

MEIN GEFÜHL ZU UNS

UNSERE THEMEN ODER AKTIVITÄTEN

DAS WÜRDE MIR HELFEN

Die Masterfrage

Einsicht ist ja der erste Weg zur Veränderung, sagt man. Doch nach dem Kapitel über die Menschen in deinem Umfeld ist die wichtigste Frage wohl: Was mache ich jetzt mit dieser Einsicht?

Vielleicht hast du beim Ausfüllen festgestellt, dass es Menschen in deinem Umfeld gibt, die deine Entwicklung blockieren. Die vielleicht nicht so gut mit Veränderung umgehen können und dich eigentlich gerne in genau der Rolle lassen würden, in der du gerade bist – und in der sie dich wollen. Vielleicht merkst du aber auch, dass du gerne Distanz hättest, weil der Kontakt dir nicht mehr wirklich guttut, du deine Ansichten oder gar dich selbst geändert hast. Doch wie stellt man das jetzt an?

Ganz wichtig: Es ist nicht sinnvoll, ein Gespräch anzufangen, indem du sagst: »Hey, ich stelle fest, dass du einen negativen Einfluss auf mich hast und mir das nicht mehr guttut. Ich habe mich nämlich verändert und möchte in meinem Leben jetzt andere Dinge verfolgen als die, die unsere Freundschaft ausmachen.« Mach das am besten nicht. Denn damit stellst du dich auf eine andere Ebene und blickst zu deinem Gegenüber nach unten. Du machst dich groß und ihn/sie klein. Das Resultat solcher Gespräche sind meistens Unverständnis, Verteidigungshaltung, Lästereien und negative Energie.

Meistens löst das Leben diese Bindungen von allein. Je mehr du dich auf neue Dinge fokussierst und auch mal ein bisschen länger mit dem Antworten brauchst, desto deutlicher wird dein Gegenüber merken, dass ihr nicht mehr auf einer Wellenlänge seid. Ich habe in meinem Leben auch oft von den Dingen erzählt, die mich gerade beschäftigen. Habe ganz euphorisch von Veranstaltungen erzählt, auf denen ich war, oder Erkenntnissen, die ich in Büchern gefunden habe. Die Menschen, die nicht mehr zu mir gepasst haben, haben dann ganz automatisch gemerkt, dass sie mit dieser Welt irgendwie nichts anfangen können oder wollen – und haben sich ganz von allein zurückgezogen. Natürlich können dann auch mal dumme Sprüche fallen.

DOCH DIE MENSCHEN SPRECHEN MIT DIESEN AUSSAGEN ÜBER SICH SELBST. VERÄNDERUNG UND ENTWICKLUNG IST EIN GROßES THEMA IN MEINEM LEBEN. WER IMMER SO BLEIBEN WILL, WIE ER SCHON IST, KANN DAS GERN TUN, DARF MICH IN MEINER ENTWICKLUNG ABER NICHT BLOCKIEREN.

Schwierig wird es, wenn sich so ein Mensch in deinem engsten Familienkreis befindet oder gar dein Partner ist. Im zweiten Fall kann ich nur sagen: Puh! Das tut mir leid. Aber wenn du merkst, dass dein Partner deine Entwicklung weder akzeptiert noch toleriert, sich vielleicht noch über dich lustig macht und ihr keinerlei Gesprächsthemen habt, die dich erfüllen, ist es vielleicht Zeit, darüber nachzudenken, ob das so bleiben soll. Vielleicht kannst du hier den Gedanken zulassen, dass es da draußen einen Menschen gibt, der besser zu dir passt, der auf Augenhöhe ist.

Im eigenen engen Umfeld, das die Familie betrifft, kann ich dir den Tipp geben: Baue dir eine imaginäre Schutzwand, damit die bösen Dinge an dir abprallen. Du kannst auch versuchen, das Gespräch zu suchen und dabei deine Bedürfnisse klar formulieren.

»Ich würde mich freuen, wenn ihr mich mal fragen würdet, warum ich diese Veränderung gerade so sehr möchte oder was sie mit mir macht, anstatt mich dafür zu verurteilen.« Oder du formulierst Sätze der Dankbarkeit. »Danke, Mama, dass du mich so gut erzogen hast. Ich werde viele deiner Werte für mein Leben mitnehmen. Und jetzt möchte ich auch noch Erfahrungen selbst machen.«

Suche dir Menschen, die ähnlich sind wie du. Gleichgesinnte, mit denen du dich austauschen und vernetzen kannst. Verbringe Zeit mit ihnen, um gemeinsam zu wachsen. Ihr könnt euch gegenseitig Mut machen, euch unterstützen und über die Veränderungen in eurem Umfeld reden. Dein Umfeld ist eine deiner wichtigsten Ressourcen bei deiner Entwicklung!

NIMM DIR HEUTE ZEIT,
DEN WERTVOLLSTEN MENSCHEN
IN DEINEM LEBEN ZU SAGEN,
WAS DU SO SEHR AN IHNEN
LIEBST UND SCHÄTZT.

Deine Gedanken

Der Einfluss, den wir heutzutage durch Social Media bekommen, ist ein sehr großer. Denn auch die Menschen, denen wir täglich online folgen, gehören zu unserem Umfeld.

Vielleicht mag das für dich noch ein bisschen verrückt klingen. Doch mach dir einmal bewusst: Wenn du täglich die Instagram-Storys und -Postings von einer anderen Person liest, hast du schnell das Gefühl, diesen Menschen zu kennen. Du kennst seine Ansichten, seine Wohnung, die Produkte, die er verwendet. Vielleicht seinen Partner oder seine Kinder, seinen Alltag und seine Interessen. Das ist auf der einen Seite superschön und macht unglaublich Spaß, weil wir irgendwie das Gefühl haben, ein Teil des Lebens dieses Menschen zu sein.

Doch reflektiere einmal für dich selbst: Wie viel Zeit verbringst du jeden Tag online? Wie fühlst du dich, wenn du die Storys gesehen hast? Geben sie dir Mut und ein positives Gefühl? Motivieren sie dich? Oder hast du danach eher Minderwertigkeitsgefühle oder vergleichst dich sogar? Eiferst einem Bild hinterher, das dir vermittelt wird?

Ich kenne beide Seiten. Ich bin online

sehr aktiv und habe einige Follower, ebenfalls folge ich aber auch anderen und erwische mich manchmal dabei, dass es mir vorkommt, als würde ich diese eigentlich fremden Menschen »kennen«, nur weil ich ein paar Schnipsel aus ihrem Alltag sehe. Gleichzeitig weiß ich aber auch, dass das, was wir sehen, nur ein Bruchteil der Realität ist.

Online wird so viel überzogen dargestellt, Bilder werden stundenlang retuschiert. Natürlich zeigt man sich selbst am liebsten in perfektem Licht. Abgesehen davon kann man jederzeit auf Löschen drücken und einfach noch mal alles von vorne aufnehmen, wenn es nicht perfekt ist.

Also achte gut auf dich selbst und überprüfe immer wieder den Kontakt zu dir. Tut es dir gut, dieser Person zu folgen, bringt sie dich mit ihrem Einfluss dahin, wo du gerne sein möchtest? Ist sie oder er ein Vorbild für dich? Welchen Vorteil ziehst du daraus?

Erlaube dir auch immer wieder, Menschen zu entfolgen. Mal aufzuräumen, deinen Feed leer zu machen! Das verändert die Sichtweise, deine Wahrnehmung und vor allem die Gefühle in deinem Alltag!

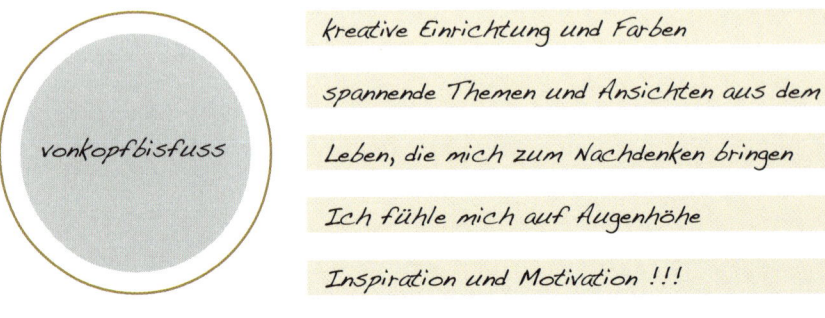

vonkopfbisfuss

kreative Einrichtung und Farben

spannende Themen und Ansichten aus dem

Leben, die mich zum Nachdenken bringen

Ich fühle mich auf Augenhöhe

Inspiration und Motivation !!!

Social-Media-Detox

WIE OFT GÖNNST DU DIR HANDYFREIE ZEITEN?

WIE FÜHLST DU DICH IN DER ZEIT OHNE HANDY?
HAST DU DAS GEFÜHL, DASS DIR ETWAS FEHLT?

VEGLEICHE DICH NICHT
ZU VIEL MIT FREMDEN
AUS DEM INTERNET.
SONST MACHST DU DAS VERMEINTLICHE
GLÜCK VON ANDEREN
ZU DEINEM UNGLÜCK.

Notfall-Liste

1. ENTFOLGE ACCOUNTS, DIE DIR NICHT GUTTUN
2. SCHALTE DEINE PUSH-BENACHRICHTIGUNGEN AUS
3. TRITT AUS NERVIGEN GRUPPEN AUS
4. SETZE DIR KLARE ZEITGRENZEN
5. LÖSCHE IMMER WIEDER APPS, UM AUFZURÄUMEN

WORAN MERKST DU,
DASS DU SOCIAL-MEDIA-DETOX BRAUCHST?

WAS MÖCHTEST DU IN DER NÄCHSTEN
HANDYFREIEN ZEIT GERNE TUN?

BEZIEHE HEUTE DEIN BETT NEU,
NIMM DIR EINEN TEE,
EIN GUTES BUCH,
MACH DIR EINE GESICHTSMASKE,
ZÜNDE EINE KERZE AN
UND GÖNNE DIR HEUTE
EINEN MOMENT PAUSE.
BLEIBE EINE STUNDE
LÄNGER IM BETT UND
RECHTFERTIGE DICH
DAFÜR BEI NIEMANDEM.

Deine Gedanken

DRÜCKE DICH ZU HAUSE AUS!

Dein Zuhause

IST DER ORT, AN DEM DU SEIN DARFST, WER DU WILLST

Unser Zuhause ist so viel mehr als nur der Ort, an dem wir schlafen und leben. Unser Zuhause ist der Ort, an dem wir uns einrichten dürfen, wie wir wollen. Der Ort, an dem unsere eigenen Regeln gelten. An dem wir der Boss sind. Wo wir tun und lassen können, was wir wollen.

Dein Zuhause sagt so viel mehr über dich aus, als du glaubst. Wie hast du dich eingerichtet? Wie lebst du? Welche Geschichte erzählt dein Zuhause über dich? Veränderst du die Dinge um dich rum immer wieder, oder brauchst du es eher, dass alles so bleibt, wie es ist? Welche Farbe haben die Wände in deinem Zuhause? Und wie oft nimmst du dir Zeit, mal wieder neu zu streichen? Hängen dort auch Bilder von dir selbst und den Menschen, die du liebst? Oder liebst du eher Poster und Bilder von Architektur, Tieren, Farben oder fremden Ländern, die du gerne einmal besuchen würdest?

Wie viel Raum nimmst du dir, um zu träumen? Nutzt du deine Wände, um dir all deine besonderen Momente und großen Ereignisse aufzuhängen? Das kann unterbewusst ganz viel in deinem Leben verändern, weil du dich dadurch die ganze Zeit mit deinen schönsten Momenten umgibst und dich immer wieder daran erinnerst, wie sich diese Kapitel in deinem Leben angefühlt haben.

Hast du in einem Zuhause einen Ort, an dem du dich sicher zurückziehen kannst und ganz für dich bist? Hast du einen Raum, in dem du lieber gesellig bist und mit anderen Menschen zusammenkommst? Mit unterschiedlichen Räumen verbinden wir oft unterschiedliche Ereignisse. Wir haben ganz verschiedene Gefühle und Erinnerungen mit ihnen verbunden.

Laufe einmal ganz bewusst durch dein Zuhause und betrachte es mit den Augen von einem Menschen, der dich nicht kennt. Welche Geschichten erzählt dein Zuhause von dir? Was verrät es über dich?

WAS ERZÄHLT DEIN ZUHAUSE ÜBER DICH SELBST?
WELCHE SEITEN VON DIR SIEHT MAN SOFORT?

WAS MAGST DU BESONDERS AN DEINEM ZUHAUSE?

GIBT ES EINEN ORT IN DEINEM ZUHAUSE,
AN DEM DU GEFÜHLE BESSER ODER SCHLECHTER
ZULASSEN KANNST?

WIE UND WO WÜRDEST DU GERNE WOHNEN?

WELCHE ECKEN IN DEINER WOHNUNG
BRAUCHEN DRINGEND AUFMERKSAMKEIT? WIE UND
WANN GEHST DU DIESE ALS NÄCHSTES AN?

WAS MÖCHTEST DU IN DEINEM
ZUHAUSE GERNE VERÄNDERN?

Alles hat Energie!

VOM UMRÄUMEN UND WOHLFÜHLEN

Die Energie in deinem Zuhause verändert sich natürlich, wenn du ausmistest oder Möbel und Dekoration umstellst. Wenn du mit dem Begriff Energie wenig anfangen kannst, ersetze ihn durch Wirkung. Jeder Gegenstand wirkt auf dich. Alles wirkt auf dich! Farben, Einrichtungsstile, Erinnerungen, Bilder. Sie sprechen uns an, erinnern uns. Wir empfinden sie als störend oder schön. Wir haben sie gerne um uns – oder nicht. Wir haben eine Geschichte und einen Bezug dazu – oder auch nicht. Aber wir stehen immer mit ihrer Energie in Verbindung.

Für mich ist es megawichtig, immer mal wieder meinen Schreibtisch (oder am besten gleich das ganze Büro) umzustellen. Ich stelle mich mitten ins Büro und fühle, wo ich arbeiten will. Es verändert den Einfluss auf meinen Workflow, wenn ich den Schreibtisch direkt unters Fenster stelle und beim Arbeiten rausschauen kann – oder ob ich auf eine weiße Wand mit Dachschräge blicke. Es ist ein Unterschied, ob die Tür hinter meinem Rücken oder in meinem Blickwinkel ist. Es fühlt sich anders

an, wenn über mir mein Visionboard mit großen Zielen hängt oder neben mir leere Kartons und Abfall stehen.

Mein Schlafzimmer ist beispielsweise komplett leer. Keine Kleidung, keine sinnlosen Gegenstände, einfach nur ein weiß-goldenes Zimmer. Ich brauche diese Klarheit, diesen leeren und hellen Raum, um zur Ruhe zu kommen und mich nicht ablenken zu lassen. Mein Schlafzimmer ist für mich ein heiliger Ort. Dort soll meine Seele am Ende des Tages so wenig Einflüsse wie möglich bekommen, um ganz fokussiert Entspannung zu finden. In diesem Raum würde ich niemals Wäsche aufhängen, leere Koffer aufbewahren oder Kisten stapeln!

Frage dich selbst: Wie oft schaust du dein Zuhause wirklich bewusst an und belebst all deine Räume mit Liebe, Fülle und neuen Erinnerungen?

Wie schön es ist, auch genau dort neue Erinnerungen zu schaffen. Wir alle wissen, Zeit mit Freunden ist kostbar, deshalb kann ich dir von Herzen raten, das miteinander zu verbinden: Lade deine Freunde zu dir nach Hause ein und verbringt einen tollen Abend zusammen. Bei uns gibt es beispielsweise immer wieder Aktionsabende. Wir organisieren ein Krimidinner, zu dem man schon verkleidet kommen muss und den ganzen Abend diese Rolle einnimmt, um einen Fall zu lösen. Wie wäre es mal mit einem Wohnzimmerkonzert, einem Workshop oder einer Mottoparty? Diese Abende müssen nicht immer in Zusammenhang mit Party und Alkohol stehen.

Der Phantasie sind da keine Grenzen gesetzt! Und mach dir nicht zu viele Sorgen über Vorbereitungen oder Kosten: Kocht zusammen, oder jeder bringt etwas mit. So kann man sich Arbeit und Geld teilen, und alle haben etwas beigetragen.

Lass deine Gäste sich bei dir zu Hause verewigen! Bei uns gibt es das legendäre Klo-Selfie! Eine Sofortbildkamera steht auf der Toilette bereit, und das Bild wird anschließend an eine Wand gehängt. So wird der Besuch auf der Toliette zum Erlebnis :), aber nicht nur das. Deine Freunde können dir eine liebevolle und kreative Nachricht dalassen, und du wirst jedes Mal mit Liebe und lachenden Gesichtern erfüllt, wenn du diese Wand betrachtest. Sie ist eine Erinnerungswand mit positiver Energie für schlechte Tage!

Natürlich sorgen auch immer die richtige Playlist, indirekte Beleuchtung und Kerzen für das gewisse Etwas. Gemütlichkeit ist so wichtig, wenn du Atmosphäre erzeugen möchtest! Bei uns läuft beispielsweise im ganzen Haus vormittags ruhige, meditative Musik und abends eine Gute-Laune-Playlist mit sommerliche Beats. Außerdem haben wir in vielen Räumen einen Diffusor stehen, in den ich ganz intuitiv verschiedene Öle fülle. Jedes Öl steht für ein inneres Thema, wie Fülle, Entspannung oder Konzentration und Fokus. Und schon wieder verbinde ich mich mit meiner Intuition, höre in mich, welcher Duft mir gerade guttun würde, und kümmere mich liebevoll um mich und mein Zuhause. Stimmung zu erzeugen kann so vielfältig sein.

Kaufe dir Pflanzen, die die Luft in deinem Zuhause in Sauerstoff umwandeln und so noch mehr zu einem guten Klima beitragen. Kümmere dich um sie! Du darfst auch mit ihnen reden, wenn es dir hilft! Eigentlich spreche ich permanent mit allen Gegenständen. Wenn ich mich mit ihnen wohlfühlen möchte, muss ich sie auch gut behandeln!

Das möchte ich verändern

- ○ Bilder von mir selbst an die Wand hängen
- ○ motivierende Sprüche aufhängen
- ○ Pflanzen kaufen, die für guten Sauerstoff sorgen
- ○ mir einen Rückzugsort bauen
- ○ Abends öfter Kerzen anzünden
- ○ die Möbel umstellen
- ○ öfter Freunde einladen und zusammen kochen oder etwas veranstalten (Serienabend, Krimidinner)
- ○ Wand für meine Träume und Ziele gestalten

_____

_____

_____

_____

_____

_____

_____

Wie drückst du dich aus?

WIE WIRKEN KLEIDUNG UND MAKE-UP AUF DICH?

Eine wahre Heldin weiß
die Sonne zu schätzen
und liebt es, ihre
Schatten zu erforschen.

Kleider machen Leute! Diesen Satz wirst du mit großer Wahrscheinlichkeit schon einmal in deinem Leben gehört haben. Vielleicht verbindest du eher etwas Negatives damit. Heute möchte ich dich einladen, diesem Thema kreativ und spielerisch ins Auge zu blicken:

Hast du dir schon einmal darüber Gedanken gemacht, dass du dich in unterschiedlichen Outfits unterschiedlich fühlst? Und dass du damit auch eine unterschiedliche Wirkung auf andere und auf dich selbst hast?
Unser Look ist eines der einfachsten Tools, um unsere Stimmung zu verändern.

Wir fühlen uns ungeschminkt anders als mit knallroten Lippen. Die Jogginghose macht einen anderen Eindruck als der Minirock mit Highheels, und eine knallenge Röhrenjeans wirkt anders auf uns selbst und unser Umfeld als ein blumiges Maxikleid. Doch wie oft nimmst du dir ganz bewusst Zeit, auch verschiedene Facetten an dir zu zeigen? Traust du dich, auch mal Outfits zu probieren, die nicht gewöhnlich für dich sind? Wie reagierst du, wenn Freunde sagen: »Krass, du siehst heute ganz anders aus!«

Manchmal macht uns solch ein Satz unsicher. Wir denken, wir sind nicht mehr wir selbst, haben uns verkleidet.

Doch stattdessen könnten wir es positiv sehen und uns über unseren Mut freuen, etwas Neues ausprobiert zu haben. Eine Facette von uns zu zeigen, die vorher noch nicht so viel Raum bekommen hat.

WENN WIR IMMER NUR SO BLEIBEN, WIE WIR SIND, VERWEHREN WIR UNS SELBST DIE MÖGLICHKEIT, SO VIELE ANDERE TOLLE FACETTEN IN UNS ZU ENTDECKEN.

Stell dir vor, du trägst heute einen Look, den du noch nie zuvor getragen hast und in dem du dich wirklich anders fühlst. Wenn du an diesem Tag einen neuen Menschen kennenlernst, dann kennt er dich nur so. Es ist dein Blick auf die Dinge, die dich einschränken. Und manchmal sind es auch die Reaktionen von anderen, die uns hindern, uns mehr zu entdecken.

Viele von uns trauen sich gar nicht, verschiedene Facetten an sich auszuprobieren. Wir tragen das, was eben im Schrank ist, und die Frisur, die unkompliziert und einfach ist. Und das ist so schade, denn da ist so viel in uns zu entdecken! Was brauchst du, um dich wirklich wohlzufühlen? Wo ist noch Platz für Entwicklung? Und was hindert dich daran, dich zu zeigen?

MIT WELCHEM LOOK FÜHLST DU DICH AM WOHLSTEN?

WIE FÜHLT ES SICH AN,
MAL ETWAS GANZ NEUES AUSZUPROBIEREN?
HAST DU LUST AUF VERÄNDERUNG?

WELCHE KLEIDUNG WÜRDEST DU SUPERGERNE
KAUFEN, WENN DU DICH TRAUEN WÜRDEST?

WIE FÜHLEN SICH OFFENE HAARE ODER EIN
ZOPF FÜR DICH AN? WELCHE HAARFARBEN
HAST DU SCHON AUSPROBIERT?

Wirf auch gerne einen Blick ins Kapitel Ausstrahlung auf Seite 111. Hier geht es darum, zum Magneten zu werden und dein Strahlen in die Welt zu tragen!

MIT WELCHER FREUNDIN KANNST DU ZUSAMMEN
MAL ETWAS NEUES AUSPROBIEREN?

GIBT ES EIN VORBILD (PROMI, SCHAUSPIELER,
MUSIKER ETC.), DESSEN LOOK DU SUPERSCHÖN
FINDEST? WAS GEFÄLLT DIR VOR ALLEM DARAN?

TRAGE HEUTE EIN KLEIDUNGSSTÜCK, DAS DU IMMER
FÜR GANZ BESONDERE ANLÄSSE AUFHEBST.
MACH DICH FÜR DICH SELBST SCHÖN!
DU SELBST BIST IMMER DER BESTE ANLASS!

Deine Gedanken

Kapitel II

IN DIR DRIN

Jetzt gehen wir einen Schritt weiter. Haben wir uns bisher mit dem Außen beschäftigt, wartet jetzt das Innere auf dich. Es geht darum, ganz bewusst in dich selbst zu schauen. Was bewegt dich, was hindert dich? Was macht dich aus? Was fällt dir schwer? Worin bist du wirklich gut, und wie schaffst du es, dein Leuchten in die Welt zu bringen?

Vielleicht trägst du schon seit Jahren einige Glaubenssätze mit dir rum, die einfach nicht mehr stimmen und jetzt gegen neue, positive Affirmationen ausgetauscht werden dürfen. Und darum soll es jetzt gehen. Im Inneren zu überprüfen: Stimmt das für mich noch, oder möchte ich meinen Blick auf das Ganze vielleicht überprüfen und angleichen?

Glaubenssätze, das sind Sätze, die wir im Unterbewusstsein als »richtig« und »logisch« abgespeichert haben. Oft entsprechen sie aber gar nicht unserer Wahrheit, sondern der von anderen Menschen, bei denen wir sie uns abgeguckt haben.

Also schauen wir jetzt zu deinen Gefühlen, deinen Ansichten, deiner Ausstrahlung, den verschiedenen Rollen und all deinen Mustern, die du in deinem Leben erlernt hast. Betrachten sie wertschätzend und dankbar.

In diesem Kapitel ist es ganz wichtig, dass du versuchst, nicht zu werten. Alles, was du bis jetzt in deinem Leben gedacht und gefühlt hast, ist nicht grundlegend falsch, nur weil du jetzt anderer Meinung bist. Die Transformation besteht darin, zu reflektieren und zu verstehen. Es hat alles seine Zeit. Und es ist nie zu spät für Veränderung. Verurteile dich nicht für Gefühle, die unangenehm sind, oder für Schmerz, der noch in dir sitzt. Es darf sich alles zeigen. Genau jetzt.

Und im Abschluss dieses Kapitels lernst du dann auch deine eigene innere Heldin kennen! Ganz viel Spaß und viele Erkenntnisse wünsche ich dir!

DEIN KÖRPER IST DEIN
bester Freund

Dein Körper ist dein einzig wahres Zuhause. Er ist der einzige Ort, den du in diesem Leben nicht verlassen wirst. In ihm wohnst du dein Leben lang. In jedem Augenblick.

Doch wieso gehen viele von uns mit dem eigenen Körper so nachlässig um? Als Kind haben wir unseren Körper dafür geliebt, dass wir so schnell rennen oder so viel hüpfen konnten. Und irgendwann kam die Zeit, in der wir begonnen haben, in Frage zu stellen. Zu vergleichen. Zu bewerten. Dein Körper war schon dein Zuhause, bevor du überhaupt denken konntest. Er war schon dann dein größtes Kapital, als du es noch gar nicht zu schätzen wusstest.

Ich glaube, es ist ein Prozess, den wir in der Pubertät alle durchlaufen. Die Hormone stellen sich um, wir werden vom Mädchen zur Frau. Doch wer hat gesagt, dass es zum Frausein gehört, sich in seinem Körper unwohlzufühlen und ständig zu versuchen, sich zu optimieren? Aber natürlich nur im Negativen! Die meisten von uns optimieren sich nicht selbst, indem sie sich Wohlfühlmassagen gönnen, dem Körper ausreichend gesundes Essen und Bewegung zuführen und auf einen gesunden Schlaf oder gesunde Beziehungen achten. Wir optimieren uns eher negativ orientiert. Könnten dünner oder fitter sein, machen Sport, um Gewicht zu verlieren, kaufen Kleider, die uns temporäres Selbstbewusstsein geben, das wir im Innen gar nicht spüren. Wir freuen uns über Makeup, das unsere Haut bedeckt, und belohnen uns mit Zucker oder Netflix abends auf der Couch anstatt mit wohltuenden, gesunden Dingen.

Dein Körper spricht zu dir! In meinem ersten Buch geht es hauptsächlich darum, die Sprache des eigenen Körpers lesen zu lernen und seine Gedanken diesbezüglich positiv zu verändern. Denn alles, was sich nicht ausdrückt, drückt sich ein.

Doch jetzt frage dich einmal selbst: Wie ist der Bezug zu deinem eigenen Körper? Wie erlebst du dich im Innen? Und wie im Außen? Ist da eine Trennung für dich fühlbar? Spürst du die Grenze? Wie sprichst du mit dir selbst? Wie gehst du mit dir um? Auf welche Art und Weise belohnst du dich?

SEI GUT ZU DIR SELBST. IMMER.

Feierst du deine Erfolge? Wenn du die Augen zumachst, was fühlst du? Und wenn du dich vor dem Spiegel siehst, was fühlst du dann?

Sei gut zu dir. Du wirst in diesem Leben keinen anderen Körper bekommen.

Vielleicht fällt es dir superschwer, dich dir selbst anzunähern. Und so Aussagen wie »Fühl mal in dich rein« sind richtig schwer für dich. Wie fühlt man eigentlich gut in sich rein? Und wer bestätigt einem, dass man das gerade richtig gemacht hat?

MANCHMAL DENKEN WIR JA NUR, ZU WISSEN, WAS WIR GERADE FÜHLEN, DOCH WIR FÜHLEN ES GAR NICHT WIRKLICH.

Und um da mal ein bisschen einen Überblick zu bekommen, gibt es eine sehr schöne Übung! Denn oftmals ist es superschwierig für uns, zu unterscheiden, was wirklich in uns ist – und was um uns stattfindet.
Das fällt uns nämlich genau dann schwer, wenn wir entscheiden müssen, ob dieses Gefühl oder dieser Gedanke gerade wirklich zu mir gehört oder von jemand anderem kommt. Es gibt immer wieder Momente, in denen wir durcheinanderkommen und merken, dass gerade irgendwas schiefläuft und komisch ist. Meistens passiert das genau dann, wenn jemand anderes

uns angreift und wir ein schlechtes Gefühl bekommen, obwohl wir gerade noch so ausgeglichen waren. Wir fühlen uns plötzlich irgendwie »schuldig«, aber können gar nicht genau greifen, warum. Wir werden unruhig und sind gestresst, können uns aber selbst nicht helfen. Es fehlt im Alltag nicht nur oft die Zeit, kurz wieder zu sich zu kommen, sondern vor allem die Tools, wie man sich wieder mit sich selbst verbindet. Deshalb möchte ich diese kleine Übung mit dir teilen.

Wenn du sie das erste Mal machst, nimm dir gerne zwischen fünf und zehn Minuten Zeit und suche dir einen ruhigen Platz. Es ist ganz egal, ob du sitzt oder liegst, du solltest dich gut entspannen können, ohne abgelenkt zu werden.

Sobald du diese Übung einmal gemacht hast, kannst du sie im Alltag auch viel schneller wiederholen. Da reicht auch eine Minute im Aufzug oder ein paar bewusste Atemzüge, um dich zu sortieren. Übung macht den Meister. Ich wünsche dir, dass dir dieses Tool im Alltag ein wenig mehr Klarheit und Ruhe geben kann.

Praxis-Übung

Schließe deine Augen.

Was ist um dich rum? Was hörst du? Was riechst du? Lege deine Aufmerksamkeit auf alle Geräusche und Vorgänge, die außerhalb von deinem Körper stattfinden. Diese Dinge haben nichts mit dir zu tun. Sie wirken nur auf dich. Nicht mehr und nicht weniger. Versuche nichts zu bewerten, sondern nur deine Sinne zu schärfen. Was nimmst du gerade um dich herum wahr?

Gehe nun einen Schritt weiter. **Was spürst du an dir?** Was befindet sich an der Grenze vom Außen zum Innen? Vielleicht spürst du die Brille auf deiner Nase, den Ring am Finger oder deine Haare. Vielleicht fühlt sich eine Körperstelle kälter oder wärmer an. Wo spürst du die Kleidung auf deiner Haut? Oder deinen Körper auf der Unterlage aufliegen? Nimm nur wahr. Bewerte nicht, ob etwas kratzt oder sich gut anfühlt. Lass es einfach da sein, wie es gerade da ist. Und fühle, was an dir dran ist.

Jetzt gehen wir eine Ebene tiefer. Richte deinen Blick nach innen. **Was kannst du in dir wahrnehmen?** Gibt es Empfindungen in deinem Körper? Gefühle oder Veränderungen? Was kannst du in deinem Körper spüren? Versuche, deinen Herzschlag zu spüren. Vielleicht magst du einmal schlucken oder tief atmen, um zu fühlen, was sich in deinem Körper verändert. Spürst du deinen Darm arbeiten? Nimm nur wahr.

Werde dir bewusst, dass diese drei Ebenen immer existieren. Du kannst sie mit etwas Ruhe und Fokus selbst sortieren.

Nimm ein paar tiefe Atemzüge und bewege langsam deine Finger und Zehen. Und finde in den Raum zurück.

Dein Körper
IST DEIN ZUHAUSE

WAS MAGST DU AN DIR SELBST?

WAS BERÜHRST DU GERNE AN DIR SELBST?

WELCHEN KÖRPER STELLEN SCHENKST DU VIEL UND
WELCHEN WENIG AUFMERKSAMKEIT?

WENN DEIN KÖRPER SPRECHEN KÖNNTE, WAS WÜRDE
ER DIR SAGEN? UM WAS WÜRDE ER DICH BITTEN?

Wenn du den Bezug zur Gegenwart verlierst, lass dich tief ein- und ausatmen, um in den augenblicklichen Moment zurückzukommen.

Sätze, die mir guttun

DANKE, LIEBER KÖRPER, DASS DU MEIN ZUHAUSE BIST. ICH LIEBE MICH FÜR DAS WAS ICH BIN.

JA, SO BIN ICH AUCH, DIESER TEIL DARF AUCH ZU MIR GEHÖREN.

DAS LEBEN IST EIN PENDELN, ES DARF SICH VERÄNDERN. KEIN GEFÜHL IST FÜR IMMER.

Wenn dir das schwerfällt – was sagen andere über dich?

DEIN HERZ SCHLÄGT IN JEDER SEKUNDE
DEINES LEBENS. ES ARBEITET IMMER
FÜR UND NICHT GEGEN DICH.
DEIN HERZ PUMPT IN JEDER MINUTE
DEIN GANZES BLUT DURCH DEINEN KÖRPER.
ES HAT KEINE SCHLECHTEN ODER GUTEN
TAGE. DEIN HERZ ARBEITET IMMER MIT DIR
ZUSAMMEN. GANZ EGAL, OB DU WEINST,
LACHST, SCHREIST, ZWEIFELST ODER TANZT.
EGAL, OB DU VOR SCHMERZ FAST ERSTICKST
ODER VOR LAUTER LACHEN BAUCHWEH
BEKOMMST. DEIN HERZ IST EINMALIG.
DEIN WICHTIGSTES ORGAN.

WANN HAST DU DEINEM HERZEN ZUM
LETZTEN MAL DANKE GESAGT?
NIMM DIR EINEN MOMENT.
LEG DEINE HAND AUF DEIN HERZ.
SAGE DIR SELBST DANKE.
UND SCHENKE DIR EIN LÄCHELN.

Deine Gedanken

Deine eigene Wahrheit

Es wird Zeit, sich mit deinen Glaubenssätzen auseinanderzusetzen. Denn deine eigene Wahrheit zu finden, zu erforschen und zu leben, ist befreiend und bringt dich dir selbst viel näher.

Ein Glaubenssatz ist eine Annahme oder ein bestimmter Satz, den du dir in deinem Unterbewusstsein gespeichert hast. Diesen Glauben hast du entweder von einer Person übernommen, die ihn dir immer wieder gepredigt oder bewusst vorgelebt hat. Wenn eine Bezugsperson in deinem Umfeld beispielsweise kein gutes Selbstwertgefühl und viel mit Selbstzweifeln zu kämpfen hatte, kann es sein, dass du den Satz »Ich bin nicht gut genug« für dein Leben übernommen hast, weil es dir so vorgelebt wurde. Hier erkennst du: dieser Glaube kommt nicht von dir, sondern du hast ihn für dein Leben übernommen, da er dich geprägt hat.

Ein anderes Beispiel wäre eine Situation, die einschneidend für dich war. Vielleicht wurdest du sehr enttäuscht oder hast dich missverstanden und übergangen gefühlt. Da sich das bis

heute vielleicht nie aufgelöst hat, bleibt in dir ein Restgefühl Schmerz. Schmerz sitzt oft sehr verwinkelt und tief, vielleicht glaubst du bis heute »Ich kann es nur falsch machen« oder »Ich sollte mich zurückhalten«. Da dieses Muster schon einmal gut für dich funktioniert hat, behältst du es in deinem System.

Wie löse ich einen Glaubenssatz jetzt ganz bewusst auf?

WANN IST ER ENTSTANDEN?

Überprüfe einmal für dich: Gehört dieser Satz wirklich zu dir? Wenn nein, von wem hast du ihn dir abgeschaut? Und wenn ja, in welcher Situation ist er entstanden? Wann hast du diese Gefühle das erste Mal bewusst wahrgenommen?

ÄNDERE DEINE PERSPEKTIVE

Und dann gehe bewusst zurück in diese Situation und frage dich: Wie sieht das Ganze aus einer anderen Perspektive aus? Wie denke ich heute über diese Situation? Was hat sich in

meinem Leben dadurch verändert? Was habe ich gelernt? Hatte es wirklich alles nur mit mir zu tun oder habe ich vielleicht zu viel interpretiert? Oftmals geben wir uns die komplette Schuld und stellen uns selbst in Frage, obwohl unser Gegenüber damals einen ganz anderen, eigenen Grund hatte, uns so zu behandeln.

KÜMMERE DICH LIEBEVOLL UM DIESEN ANTEIL

Es funktioniert ein bisschen wie die Innere-Kind-Arbeit. Du darfst dich jetzt um diesen verletzten Ich-Anteil von damals kümmern. Geh in die Badewanne oder spazieren und versuche, dir selbst die Schuld oder die negativen Gedanken zu nehmen. »Hey, mein Ich von damals. Es war eine Scheißsituation und hat verdammt weh getan. Aber ich bin jetzt da, um dir zuzuhören. Du bist nicht allein. Und vor allem hast du keine Schuld daran, dass das so gelaufen ist. Im Grunde hat es uns ganz schön viel übers Leben gelehrt, oder?« So könnten Gespräche mit dir selbst aussehen. Frage dich, was du jetzt brauchst, um heilen zu dürfen. Du kannst auch einmal herausfinden, an welcher Stelle in deinem Körper du das Gefühl am meisten wahrnimmst. Wo ist es präsent für dich?

FINDE EINEN NEUEN SATZ FÜR DICH, DER STIMMIG IST

Welcher Satz würde jetzt viel besser zu dir passen? Was ist das Gegenteil von dem, was du dir immer eingeredet hast? Bei »Ich bin nicht gut genug« wäre der Gegensatz »Ich bin genug«, oder viel besser: »Ich bin liebenswert, wie ich bin.« Wenn du denkst »Ich habe das nicht verdient« oder »Ich bin nicht gut genug«, kannst du dir sagen »Ich bin Fülle und Liebe« oder »Ich verdiene alles Glück dieser Welt«. Schreibe dir diese Sätze an eine Stelle, an der du sie gut sehen kannst. Vielleicht ist es die Sonnenblende im Auto, dein Spiegel oder dein neuer Handyhintergrund. Diese Sätze dürfen jetzt in dein Unterbewusstsein.

Warum kommen wir so oft aus diesem negativen Denken und Fühlen nicht raus? Dieser Kreislauf lässt sich ganz einfach erklären: Wir handeln immer aufgrund unserer Vergangenheit. Das, was wir erlebt und erfahren haben, ist unsere Orientierung für die Zukunft. Denn wir haben einen Erfahrungswert dafür. Haben wir eine Situation falsch abgespeichert oder mit viel Schmerz erlebt, bleibt natürlich immer eine Restenergie übrig, die jedes Mal wieder getriggert wird, sobald wir uns einer ähnlichen Situation nähern. Deshalb ist es so wichtig, in der Gegenwart deine Glaubenssätze zu verändern, und das auch immer mehr zu vertiefen und zu wiederholen. Denn der heutige Tag ist morgen schon wieder Vergangenheit. Wenn du dich dafür entscheidest, anders über dich zu denken, geht auch dieser Teil in deinen Erfahrungswert über. Und umso mehr du das trainierst, desto schneller wird sich dein Bild über dich selbst ändern. Natürlich ist das Übungssache und braucht eine Weile. Doch wenn du heute beginnst, ist der erste Schritt schon getan.

Ich dachte früher oft »Schlimmer geht es immer« und habe mich sehr schwergetan, auch mal Mitgefühl für mich selbst zu haben. Auch den Ernst meines Schmerzes zu verstehen und mir Zeit zu nehmen, zu weinen. Irgendwann war das so in meinem System, dass ich richtig abgehärtet bin. Dann begann ein Kreislauf, denn jedes Mal, wenn dieser Teil erweckt wurde, spürte ich, dass dieser Satz eigentlich gar nicht wahr ist. Erst als ich mich intensiv damit auseinandersetzte und für mich selbst entschieden habe, dass dieser Glaubenssatz nicht mehr zu meiner Zukunft gehören soll, hat es sich verändert.

Die eigene Wahrheit zu sprechen, ist eine der schönsten Erfahrungen der Welt. Denn du wirst verstehen und lernen, dass deine eigene Wahrheit immer aus deinem Herzen kommt und dich wieder mit deiner Intuition verbindet. Beginne deine Sätze mit »Für mich fühlt es sich so an« oder »Ich nehme in mir gerade wahr, dass ...«.

Dann kannst du selbst schwierige Themen viel leichter und ehrlicher ansprechen, weil du nicht mehr in den Angriff oder in die Kritik gehst, sondern von deinen eigenen Empfindungen erzählst. Für mich ist es heute sehr leicht, über meine Gefühle zu sprechen, weil es nicht mehr von Bedeutung ist, was andere darüber denken oder was sie davon halten. Wichtiger ist es, was ich darüber denke und wie es mir dabei geht.

Finde eine Art und Weise, deine eigene Wahrheit auszudrücken. Dabei geht es nicht um die Realität oder um die Übereinstimmung mit anderen Ansichten. Es geht vor allem darum, deine Impulse nicht mehr runterzuschlucken, sondern sie sichtbar zu machen. Immer wenn du den Impuls hast, dass sich etwas gut anfühlt, bist du automatisch in deinem eigenen Gefühl. Immer wenn du denkst, zu glauben, etwas könnte richtig sein, ist es nicht ganz stimmig. Gefühle können so vielfältig sein. Lerne, dich selbst zu lesen und anzunehmen. Das ist Balsam für die Seele.

NEGATIV	POSITIV
Ich bin nicht gut genug	Ich bin wundervoll, wie ich bin
Ich darf mich nicht zeigen	Ich darf mir Raum nehmen und meine Gefühle zeigen
Die anderen sind viel besser als ich	Jeder Mensch hat Stärken und Schwächen. Ich bin gut so, wie ich bin.
Ich darf keine Fehler machen	Aus Fehlern kann ich lernen und sie bringen mich im Leben weiter.
Ich darf keine Schwäche zeigen	Verletzlichkeit verbindet mich mit anderen Menschen und macht mich zugänglich. Ich entscheide selbst, wem ich meine Gefühle zeige.
Ich werde nur geliebt, wenn ich Leistung bringe	Ich bin liebenswert und definiere mich nicht über meine Leistung.

WANN HAT ER SICH GEBILDET? WO SPÜRST DU IHN?
WAS HAT ER POSITIVES?

DEIN NEUER GLAUBENSSATZ

Liste meiner
GEFÜHLE!

Oftmals antworten wir superschnell mit »gut«, wenn uns jemand fragt, wie es uns eigentlich so geht. Doch was steckt hinter dieser Floskel? Es gibt so viele Gefühle, die wir benennen können. Nimm drei farbige Buntstifte und markiere rot, was du oft fühlst, gelb, was du manchmal fühlst, und grün, was du gar nicht fühlst. Schaffe dir anschließend einen Überblick über deine Emotionen.

ANGEREGT, AMÜSIERT, AKZEPTIEREND, AUFGEDREHT, AUFGEREGT, AUFGEWECKT, AUFRICHTIG, AUFMERKSAM, AUSGEGLICHEN, AUSGELASSEN, AUSGERUHT, AUTHENTISCH, ARROGANT, ABGESPANNT, AGGRESSIV, ALARMIERT, ANGEEKELT, ANGESPANNT, ÄNGSTLICH, ANGSTSCHLOTTERND, ANGREIFEND, ÄRGERLICH, ARGWÖHNISCH, AUFGEBRACHT, AUSGELAUGT, ALBERN, AMBIVALENT, AUFGEWÜHLT, BEÄNGSTIGT, BEDRÄNGT, BEDRÜCKT, BEFANGEN, BEFREMDET, BEKLOMMEN, BEKÜMMERT, BELASTET, BELEIDIGT, BESCHÄMT, BESORGT, BESTÜRZT, BETROFFEN, BETRÜBT, BEUNRUHIGT, BITTER, BLOCKIERT, BÖSARTIG, BRUMMIG, BERAUSCHT, BERUHIGT, BERÜHRT, BESCHWINGT, BESTÄNDIG, BEWEGT, BEZAUBERT, COURAGIERT, CHAOTISCH, DANEBEN, DEPRESSIV, DEPRIMIERT, DISTANZIERT, DUMPF, DURCHEINANDER, DANKBAR, ECHT, EIFRIG, EINLADEND, EINFALLSREICH, EMPFÄNGLICH, ENERGIEGELADEN, ENERGETISCH, ENERGISCH, ENGAGIERT, ENTHUSIASTISCH, ENTLASTET, ENTSCHLOSSEN, ENTSPANNT, ENTZÜCKT, ERFREUT, EFFIZIENT, ERFRISCHT, ERFÜLLT, ERGRIFFEN, ERGEBEN, ERHEITERT, ERLEICHTERT, ERMUNTERT, ERMUTIGT, ERREGT, ERSTAUNT, ERWARTUNGSVOLL, EUPHORISCH, EITEL, EINGEENGT, EXZELLENT, EIFERSÜCHTIG, EINSAM, EKELERFÜLLT, EMPFINDLICH, EMPÖRT, ENERGIELOS, ENTMUTIGT, ENTRÜSTET, ENTSETZT, ENTTÄUSCHT, ERMÜDET, ERNÜCHTERT, ERSCHLAGEN, ERSCHÖPFT, ERSCHROCKEN, ERZÜRNT, ENTSCHIEDEN, FEINDSELIG, FESTSTECKEND, FRUSTRIERT, FURCHTSAM, FEINDLICH, FASZINIERT, FEINSINNIG, FREI, FREUDIG, FREUNDLICH, FRIEDLICH, FROH, FRÖHLICH, FÜRSORGLICH, GEBANNT, GEBORGEN, GEDULDIG, GEEHRT, GEERDET, GEFASST, GEFESSELT, GELASSEN, GELIEBT, GEMÜTLICH, GERÜHRT, GESCHÜTZT, GESPANNT, GESELLIG, GESEGNET, GESUND, GLÜCKLICH, GLÜCKSELIG, GÜTIG, GROSSARTIG, GROSSZÜGIG, GEHÄSSIG, GEHEMMT, GELADEN, GELANGWEILT, GEMEIN, GEQUÄLT, GEREIZT, GESTÖRT, GEWALTTÄTIG, GLEICHGÜLTIG, GRIESGRÄMIG,

GRANTIG, GELÖST, GESPANNT, GESTRESST, HASSERFÜLLT, HERABGEWÜRDIGT, HILFLOS, HITZKÖPFIG, HOFFNUNGSLOS, HUNDSMISERABEL, HARMONISCH, HEITER, HELLWACH, HERZLICH, HINGERISSEN, HOCHERFREUT, HOFFNUNGSVOLL, INSPIRIERT, INTERESSIERT, INTELLIGENT, IRRITIERT, INTELLEKTUELL, JÄMMERLICH, JUGENDLICH, KONTROLLIEREND, KRITISCH, KALT, KRIBBELIG, KRAFTLOS, KLAR, KINDLICH, KRAFTVOLL, KONTAKTFREUDIG, KOMMUNIKATIV, KONSTRUKTIV, KOOPERATIV, KREATIV, KÜHN, LEBENDIG, LEBHAFT, LEBENSLUSTIG, LEICHT, LEIDENSCHAFTLICH, LIEBEVOLL, LOCKER, LUSTIG, LUSTVOLL, LAUNISCH, LEER, LÜSTERN, LUSTLOS, MASOCHISTISCH, MÄKELND, MISSMUTIG, MISSTRAUISCH, MIES, MÜDE, MÜRRISCH, MUTLOS, MEDITATIV, MOTIVIERT, MUNTER, MUTIG, NAH, NACHDENKLICH, NEUGIERIG, NEIDISCH, NERVÖS, NIEDERGESCHLAGEN, NIEDERTRÄCHTIG, NACHTRAGEND, PERPLEX, PANISCH, PEINLICH, PESSIMISTISCH, PRÄSENT, PRODUKTIV, PRIVILEGIERT, RESPEKTVOLL, RUHIG, RATLOS, RUHELOS, RASEND, RACHSÜCHTIG, SAUER, SADISTISCH, SCHEU, SCHLÄFRIG, SCHLAPP, SCHMOLLEND, SCHOCKIERT, SCHULDIG, SELBSTKRITISCH, SELBSTVERACHTEND, SCHEUSSLICH, SCHMERZERFÜLLT, SCHWERMÜTIG, SCHWUNGLOS, SKEPTISCH, SORGENVOLL, STRAPAZIERT, STREITLUSTIG, SANFT, SATT, SCHWUNGVOLL, SELBSTSICHER, SELIG, SENSIBEL, SICHER, SORGENFREI, SORGLOS, SONNIG, SPONTAN, STABIL, STILL, STOLZ, STRAHLEND, STRESSFREI, SÜSS, SCHÜCHTERN, TAPFER, TATKRÄFTIG, TEILNAHMSLOS, TRÄGE, TRAURIG, TRÜBSELIG, TEILEND, TOLERANT, ÜBERGLÜCKLICH, ÜBERMÜTIG, ÜBERRASCHT, ÜBERSCHÄUMEND, ÜBERSCHWÄNGLICH, ÜBERWÄLTIGT, ÜBERDRÜSSIG, ÜBERFORDERT, ÜBERLASTET, UNANGENEHM, UNBEHAGLICH, UNBETEILIGT, UNGEDULDIG, UNGEHALTEN, UNGEMÜTLICH, UNGLÜCKLICH, UNKLAR, UNNAHBAR, UNRUHIG, UNSCHLÜSSIG, UNSICHER, UNWOHL, UNGEWISS, UNENTSCHLOSSEN, ÜBERZEUGT, UNZUFRIEDEN, UNBEKÜMMERT, UNBESCHWERT, UNERSCHÜTTERLICH, UNGEZWUNGEN, UNSCHULDIG, VERBLÜFFT, VERGNÜGT, VERLIEBT, VERSPIELT, VERSTÄNDNISVOLL, VERTRAUENSVOLL, VERWUNDERT, VERZAUBERT, VERÄNGSTIGT, VERÄRGERT, VERBITTERT, VERKRAMPFT, VERLEGEN, VERLETZBAR, VERLETZT, VERLOREN, VERRÜCKT, VERSCHLAFEN, VERSCHLOSSEN, VERSCHRECKT, VERSPANNT, VERSTIMMT, VERSTÖRT, VERUNSICHERT, VERWIRRT, VERZAGT, VERZWEIFELT, VORWURFSVOLL, VERZÜCKT, VOLLWERTIG, VOLLKOMMEN, WACH, WARMHERZIG, WISSBEGIERIG, WOHL, WAHNSINNIG, WOLLÜSTIG, WEINERLICH, WIDERWILLIG, WÜTEND, WUTENTBRANNT, WUNDERSCHÖN, ZÄRTLICH, ZUFRIEDEN, ZULASSEND, ZAPPELIG, ZERKNIRSCHT, ZERMÜRBT, ZERRISSEN, ZITTRIG, ZWEIFELND, ZÖGERND, ZÖGERLICH, ZORNIG, ZURÜCKGEWIESEN, ZYNISCH, ZUGÄNGLICH, ZUGENEIGT, ZUGEWANDT, ZUHÖREND, ZUTRAULICH, ZUVERSICHTLICH.

WELCHE GEFÜHLE VON DER LISTE HABEN SOFORT
ETWAS IN DIR AUSGELÖST? UND WAS?

FÄLLT ES DIR LEICHT ODER SCHWER, DEINE GEFÜHLE
ZU ZEIGEN? WORAN GLAUBST DU, LIEGT DAS?

WAS ANTWORTEST DU IN ZUKUNFT AUF DIE FRAGE:
WIE GEHT ES DIR? WENN DU NICHT MEHR GUT SAGST?

WELCHE GEFÜHLE MÖCHTEST DU GERNE NOCH
GENAUER ERFORSCHEN?

Die Schattenseite

Jeder von uns hat Seiten an sich, die wir weniger gut oder gar nicht annehmen können. Das ist absolut normal und nichts Schlimmes. Denn es liegt leider nicht mehr in der Natur des Menschen, sich selbst bedingungslos zu lieben. Der Mensch ist das einzige Lebewesen, das im Laufe der Geschichte anfangen hat, sich selbst in Frage zu stellen. Kein Tier, keine Pflanze, niemand würde sich selbst fragen: Warum gibt es mich? Oder zu dem Entschluss kommen: »Dieser Anteil ist nicht gut an mir.« Wir haben das im Laufe der Entwicklung vermutlich irgendwie übernommen oder uns abgeschaut.

Ganz egal, ob es ein Körperteil ist, den du an dir selbst nicht leiden kannst, eine Angst oder eine Eigenschaft: In diesem Kapitel setzen wir uns ganz gezielt damit auseinander.

Vielleicht hast du das auch schon für dich selbst beobachtet: Umso mehr du dir wünschst, dass etwas weggeht, desto mehr wird es bleiben, Präsenz zeigen oder immer wieder auftauchen. Doch warum ist das so? Wenn du die Energie auf das legst, was dich stört, rufst du die Anwesenheit dieser Sache permanent in dein Gehirn. Es ist ganz egal, ob du sagst »Ich hasse meinen Bauch« oder »Bitte, liebe Traurigkeit, geh endlich weg!«. Nicht die Formulierung des Satzes, sondern die Beschäftigung mit der Sache erzielt die Präsenz. Je mehr du um, über und mit diesem Störfaktor in Verbindung bist, desto mehr beschäftigt er dich in deinem Alltag. Das ist das Gesetz der Anziehung, welches ich dir später noch genauer erklären werde.

DOCH WAS WÜRDE PASSIEREN, WENN DU VERSUCHST, DIESEN VERMEINTLICHEN STÖR-FAKTOR MIT LIEBE IN DEIN LEBEN ZU INTEGRIEREN? WENN DU ES ZULÄSST, DASS ER DA SEIN DARF, UND DU ES MIT LIEBE UND WOHLWOLLEN BETRACHTEST?

Ich habe einige Jahre in meinem Leben unter schlimmen Panikattacken, Angstzuständen und einer furchtbaren

Verlustangst, die sich durch Tag und Nacht zog, gelitten. Es gab eigentlich kaum einen Tag, an dem ich keine Angst hatte. Angst, einen wichtigen Menschen zu verlieren. Angst, zu versagen. Angst, krank zu werden. Angst, jemanden zu enttäuschen, oder schlicht und einfach Angst davor, wieder Angst zu bekommen. Es gab viel zu viele Tage, an denen ich meine Angst als Ausrede nahm, Dinge nicht tun zu müssen. Ich ließ Verabredungen sausen, sorgte nicht gut für mich, vermied Arztbesuche und schloss mich zu Hause ein. Und das wäre Jahre so weitergegangen, hätte ich mich nicht irgendwann gefragt:

WAS WILL MEINE ANGST MIR EIGENTLICH SAGEN? WARUM IST SIE HIER?

Meine Panikattacken haben sich aufgelöst, als ich begonnen habe, meiner Angst einen Namen zu geben und mich mit ihr zu unterhalten. Ich habe nicht mehr versucht, sie nicht spüren zu wollen oder sie wegzudrücken. Ich habe sie quasi aus mir rausgeschüttelt, sie einfach mal neben mich gestellt. Und dann bin ich mit meiner Angst spazieren gegangen. Habe sie gefragt, was ihr Problem ist, was sie erlebt hat, wovor sie mich warnen will. Und ganz schnell begann sich alles in mir zu entspannen. Es war ein innerer Dialog, durch den ich verstand, dass die Angst ein Teil von mir

ist, der nicht einfach weggeht, nur weil ich ihn nicht mehr haben will. Denn eigentlich ist das eine sinnvolle und hilfreiche Fähigkeit: Meine Angst warnt mich, zeigt mir meinen Körper und dessen Grenzen. Und daraus entsteht ein System. Dieses System zieht sich durch alle Bereiche im Leben. Denn die Erfahrungen, die wir in der Vergangenheit gemacht haben, sind die Grundlagen für alle Entscheidungen, die wir für unsere Gegenwart treffen. Ich habe irgendwann verstanden, dass ich meine Zukunft nicht aufgrund meiner Vergangenheit bewerten möchte. Dann komme ich aus diesem Angstkreislauf ja nie raus! Ich entschloss mich, mit meiner Angst zu leben. Sie als Ratgeber zu sehen und immer mal mit einzubeziehen. Aber ich wollte ihr keine Macht mehr geben, meine Zukunft in Eigenregie zu planen. Es war Zeit, dass ich, mit dieser Angst im Hintergrund, neue, korrigierende Erfahrungen machen durfte.

WENN ICH MORGENS AUFSTAND, BEGRÜSSTE ICH MEINE ANGST, WÜNSCHTE IHR EINEN GUTEN MORGEN UND ERZÄHLTE IHR, WAS WIR HEUTE SO UNTERNEHMEN WÜRDEN. ICH LUD SIE EIN, DEN TAG MIT MIR ZU VERBRINGEN.

Manchmal war sie sehr präsent, an anderen Tagen schien es, als hätte sie viel weniger Interesse an meinem Leben. Und irgendwann, nach ein paar Wochen, hat sie sich still und heimlich verabschiedet. Eines Tages stand ich mit Freunden auf einer Feier und merkte, dass sich etwas verändert hatte. Ich stellte fest: Ich hatte total vergessen, Angst zu haben. Die Angst hat mich nicht gewarnt, vor den Menschenmassen oder den Gefahren, die hier lauerten. Ich lächelte ihr kurz aus der Ferne zu, schickte ihr gute Gedanken und bedankte mich bei meiner Angst, dass sie sich distanziert hatte.

Und so funktioniert das mit allen Dingen, die wir nicht bei uns haben wollen. Wir müssen ihnen ganz bewusst einen Platz in unserem Leben zuweisen, anstatt sie wegdrücken zu wollen. Wir sollten dabei auch reflektieren, was die guten Anteile sind. Denn Angst ist ja prinzipiell nichts Schlechtes. Sie ist nur dann hinderlich, wenn sie überhandnimmt oder in den falschen Momenten da ist. Unsere Angst zeigt uns, was wir noch erreichen wollen. Wenn deine Träume nicht auch irgendwie furchteinflößend sind, dann sind sie meistens nicht groß genug. Wenn du keine Angst spürst, wenn dich jemand bedroht, ist etwas falsch in deinem System. Die Angst gibt unserem Körper ein wichtiges Signal, welches wiederum Bereiche in unserem Hirn aktiviert, die sich für Angriff, Flucht oder Verteidigung entscheiden.

Die Angst hat also eine sinnvolle und wichtige Aufgabe in unserem Leben. Und sie zeigt dir, was du in deinem Leben noch alles erreichen willst.

Der Hass auf einen bestimmten Körperteil zeigt dir, wie einzigartig und wunderbar er eigentlich ist. Ganz ehrlich, wie viele von uns mögen ihren eigenen Bauch nicht? Oder die Oberschenkel? Stell dir mal vor, wie doof du ohne sie aussehen würdest! Hast du dir schon mal bewusst Gedanken darüber gemacht, was in deinem Bauch vor sich geht? Wie deine Verdauung funktioniert, dein Zwerchfell arbeitet oder was dein Darm alles leistet? Recherchiere, setze dich damit auseinander und sei liebevoll zu dir!

UND GENAUSO IST DAS AUCH MIT DER TRAURIGKEIT! ICH DACHTE MEIN LEBEN LANG, DASS TRAUER UND SCHMERZ ETWAS NEGATIVES SIND. DOCH SIE ZEIGEN UNS, WIE SEHR WIR LIEBEN UND FÜHLEN KÖNNEN.

Die meisten Erkenntnisse über uns selbst erfahren wir nicht durch Freude oder Glück. Am Ende eines glücklichen Tages bist du einfach erfüllt, was wunderschön ist, doch viele tiefe Erkenntnisse wirst du nicht gemacht haben. Doch die Traurigkeit ist es, die kreativ macht. Durch Schmerz und Dunkelheit sind unfassbar viele Lieder, Filme und Bücher entstanden. Über Verletzlichkeit verbinden wir uns viel tiefer und intensiver mit anderen Menschen. Im Schmerz sind wir uns selbst so nah. Traurigkeit macht uns zugänglich und weich. Sie hüllt uns ein und nährt uns.

VERSUCHE, DEINEM SCHATTENANTEIL EINE MÖGLICHKEIT ZU GEBEN, SICH AUSZUDRÜCKEN. MAL EIN BILD, SING EIN LIED, TANZ DICH IN VERBINDUNG MIT DIR SELBST. VERSUCHE, DIESEM ANTEIL EINEN NEUEN PLATZ IN DEINEM LEBEN ZUZUWEISEN.

Es macht dich kreativ, lebendig und kraftvoll, deinen ungewünschten Anteil zu nehmen und etwas Wunderbares damit zu erschaffen.

Wenn du erkennst, wie wertvoll diese Anteile sind, und dir auch erlaubst, sie von einer anderen Seite zu betrachten, wirst du merken, dass deine Schutzstrategien, die du für sie erschaffen hast, bald zu einer Schatzstrategie werden können. Wenn du gezielt weißt, wie du mit ihnen umgehen kannst, wenn du selbst wieder die Führung über deine Gefühle übernimmst, dann kannst du sie für dich nutzen und mit ihnen arbeiten, anstatt dich ihnen auszuliefern.

Erstelle dir gern eine Ressourcenliste! Überlege dir mal, was die Schattenseite auch Gutes mit sich bringt! Denn alles ist eine Sache der Perspektive.

Ich habe in meinem ersten Buch ausführlich über das Pendeln geschrieben. Kein Gefühl ist für immer. Keine Blume blüht das ganze Jahr. Es gibt so viele unterschiedliche Perspektiven auf ein und dieselbe Situation. Erlaube dir, neue Erfahrungen zu machen. Erlaube dir, dich für die Dinge zu lieben, die dir schwerfallen. Sie sind ein Teil von dir. Und sie sind aus einem bestimmten Grund in deinem Leben, sonst wären sie nicht hier.

WAS IST DEINE SCHATTENSEITE?

IN WELCHEN MOMENTEN,
SPÜRST DU SIE AM MEISTEN?

WAS GIBT ES FÜR POSITIVE SEITEN DARAN?

WAS MÖCHTEST DU DEINER SCHATTENSEITE SAGEN?

MACH HEUTE
EINEN SCHWEIGETAG.
VERSUCHE, MIT DEINER PRÄSENZ
IM INNEN ZU BLEIBEN
UND DICH NICHT
IMMER WIEDER ABZULENKEN.
DURCH DIE SPRACHE
GEHT UNS OFT SO VIEL ENERGIE
VERLOREN. BEHALTE DICH IM FOKUS.
HÖRE BEWUSST MUSIK.
MACH EINEN SPAZIERGANG IN STILLE.
SEI GUT ZU DIR.

WIE GEHT ES DIR DABEI?

Deine Gedanken

Anker setzen

LERNE, DAS GUTE FESTZUHALTEN

Ein ganz wichtiges Tool in der Selbstliebe ist die Arbeit mit Ankern. Bei der Arbeit mit Ankern geht es darum, sich selbst etwas Gutes zu tun und eine Verknüpfung zu schaffen, die deine Gedanken mit deinen Gefühlen, oder vielmehr: deinen Kopf mit deinem Körper, verbindet.

Wenn du das nächste Mal in einer Situation bist, in der sich etwas wirklich gut und richtig anfühlt, dann versuche, einen Ort in deinem Körper zu finden, an dem du dieses Gefühl abspeicherst. Du setzt quasi einen Anker dafür. Ich habe das jahrelang bei Konzerten gemacht. Immer wenn ich mich richtig frei und leicht gefühlt habe, habe ich eine bestimmte Stelle an meinem Körper gedrückt, um diesen Augenblick dort zu speichern. Das nennt man positive Selbstprogrammierung. Wann immer du in einen Moment kommst, in dem du gute Energie brauchen kannst, drücke diese Stelle erneut, verbinde dich mit ihr und schöpfe aus den gespeicherten Momenten neue Kraft.

Ankern geht jedoch auch im Alltag sehr gut. Um dich immer wieder selbst zu bestärken oder dein Selbstvertrauen zu vertiefen, verbinde einfache Handlungen mit positiven Affirmationen.

Ich gebe dir Beispiele: Wenn du dich in dein Auto setzt oder die Bahn betrittst, kannst du dir sagen »Ich liebe mich«. Wenn du niesen musst, dir den Schuh bindest oder eine Toilettenspülung drückst, kannst du dir sagen »Ich bin ein Geschenk für die Welt«. Mit diesen bekräftigenden Sätzen setzt du dir im Alltag immer wieder Erinnerungen. Das mag am Anfang superkomisch sein, doch mit der Zeit merkst du, wie viel leichter es wird, wenn du dich selbst bestärkst und dir gut zuredest.

Setze dir diese Anker, um dir selbst Halt zu geben. Um dir Gutes zu tun. Jedes Mal, wenn ich an einer roten Ampel stehe, atme ich einmal bewusst ganz tief durch und sage mir: Ich bin gut so, wie ich bin. Seit Jahren! Jetzt freue ich mich immer, wenn an einer roten Ampel halten muss! Verbinde Negatives in deinem Alltag mit positiven Dingen, und du wirst sehen, es lebt sich leichter!

FINDE HALT IN DIR SELBST

Deine Rollen

YES – mein Lieblingsthema! Ich habe so lange darauf warten müssen, doch es hat ein bisschen Vorarbeit gebraucht, um uns hiermit auseinanderzusetzen.

Lass uns über deine verschiedenen Rollen sprechen. Du kannst sie auch gerne (Persönlichkeits-)Anteile nennen. Ich glaube, wir alle kommen im Prozess der Veränderung an diesen Punkt.

ICH ERINNERE MICH NOCH GUT AN DIE ZEIT, IN DER ICH IMMER WIEDER SÄTZE HÖRTE WIE »DU BIST IRGENDWIE GAR NICHT DU SELBST« ODER »IRGENDWIE BIST DU HEUTE ANDERS ALS GESTERN«.

Damals waren das für mich Aussagen, die mich zusammenzucken ließen. Ich wollte nicht, dass man über mich sagt, ich sei nicht ich selbst oder man wüsste nicht, woran man bei mir ist. Es hat mir Angst gemacht, solche komischen Sätze über mich zu hören. Heute, mit viel Abstand und einigem an Wissen und Erfahrungen mehr, sehe ich das komplett anders. Ich möchte dir dieses Thema gerne näherbringen, weil es unglaublich große Entfaltung und Wachstum mit sich bringt.

Jeder von uns hat in seinem Leben verschiedene Anteile und Rollen. Es ist selbstverständlich, dass du zu deinem Chef auf der Arbeit anders bist als zu deinen Freunden. Und logischerweise sprichst du mit deiner Oma auch anders als mit deinem Partner. Du wirst dich als Mutter anders verhalten als als Tochter. Auch Anteile, die du vielleicht nicht so gernhast, haben ihre Berechtigung. Vielleicht bist du leichtgläubig oder perfektionistisch. Das ist auch gut so! Diese Anteile sind wichtig für deine Persönlichkeit und dein Gleichgewicht.

In der Grafik erkennst du, dass meine Persönlichkeit auf unterschiedliche Bereiche aufgeteilt ist. Die unterschiedlichen Größen zeigen dir, wie viel Raum sie einnehmen. Ich bin nicht nur eins, ich bin ganz viel! Jeder Bereich hat seine eigenen Themen, Interessen und eventuell auch Werte. Ich werde als Geschäftsfrau natürlich andere Prioritäten haben als als Mama. Im Busi-

RETTERIN

FREUNDIN

TOCHTER

PARTNERIN

MAMA

PISSNELKE

VORBILD

GESCHÄFTSFRAU

KÖNIGIN

KREATIVER
WIRBELWIND

DRAMA-
QUEEN

FAULE

ness bin ich ungeduldig und zielstrebig, diese Werte bringen mir in Freundschaften nicht so viel. Ich werde mich in der Rolle als Pissnelke anders verhalten, als wenn ich als Vorbild fungiere. Und natürlich wirkt sich das auch auf meine Kleidung, meine Körpersprache und mein Verhalten aus.

Jeder dieser Anteile hat seine Stärken. Die Pissnelke in mir konnte ich nie wirklich leiden. Sie ist schnell unzufrieden, nörgelt dann, jammert rum und ist prinzipiell schon ein bisschen schneller gelangweilt als meine anderen Anteile. Ihr wird's schnell zu doof, und die Stimmung kippt. Doch was sie mir zeigt, ist, dass ich auch mal aussteigen darf. Wann immer sich der Anteil der Pissnelke in meinem Arbeitsalltag einschaltet, weiß ich, ich muss etwas ändern. Denn meistens schaltet sie sich ein, wenn es Zeit für Veränderung ist. Genau dann, wenn ich mit dem Kopf versuche, neue Lösungen zu finden, aber unterbewusst eigentlich schon weiß, dass es sinnlos ist. Dann kommt die Pissnelke genervt hoch und sagt: »Neeeext! Ich mag nicht mehr, ihr langweilt mich alle!« Seit ich meine innere Pissnelke mehr anerkenne, muss ich viel öfter schmunzeln, wenn sie sich in meinen Alltag einmischt. Jetzt weiß ich ja, dass sie wirklich wertvoll für mich ist und ihre ruppige Art mir auch oft hilft, wieder mehr auf meine Impulse zu hören. Doch das ist natürlich ein Prozess.

LETZTENDLICH IST ES ABER VIEL ANGENEHMER UND EINFACHER, WENN DU DEINE ROLLEN ANNIMMST UND INTEGRIERST, ANSTATT VERSUCHST, ALLES UNTER EINEN HUT ZU BEKOMMEN.

Auch die Faule ist ein richtig liebenswerter Anteil in mir. Ja, auch ich liege hin und wieder mal ein paar Tage auf dem Sofa, esse nur Eis und Nudeln mit Pesto, gucke Serien und bin lustlos und so richtig faul. Gott sei Dank! Wenn ich permanent auf meinem High-Speed-Level laufen würde, würde ich durchdrehen. Da ist es schon ganz gut, so einen Anteil zu haben, der mich immer wieder mal zum Nichtstun bringt.

Das Wichtige ist: Du musst dir bewusst sein, dass du immer wieder zwischen all diesen Rollen hin und her springst. Das ist nicht schizophren, sondern so ist das Leben! Wir sind anpassungsfähig und wandelbar. Und da das Leben ja immer wieder ein Pendeln ist, werden wir auch müde, wenn wir immer nur gleich sind. Probiere dich aus, teste, welche Rollen du hast und wie sie sich anfühlen!

Und jetzt kommen wir zu einer großen Ressource! Wenn du dir darüber bewusst bist, dass all diese Anteile zu dir gehören dürfen und du sie leben darfst, dann wird sich auch dein Selbstwertgefühl verändern. Denn du kennst dich ja auch viel besser und verstehst, dass du durch unterschiedliche Rollen auch unterschiedliche Ansichten hast.

Du kommst in einer Situation mit deinen Eltern nicht weiter oder merkst, wie du dich beruflich immer wieder selbst blockierst? Dann versuche diese Situation mal aus der Perspektive der Königin zu sehen. Was würde deine innere Königin jetzt tun oder sagen? Welchen Tipp würdest du einer Freundin geben, die gerade in deiner Situation ist? Manchmal renne ich mit meiner inneren Retterin total gegen die Wand, weil ich mich viel zu viel für andere aufgebe. Dann wechsle ich in die innere Königin und denke mir: Ich habe ganz vergessen, wieder mehr bei mir zu bleiben und auch auf meine Grenzen zu achten.

Wenn das nächste Mal jemand sagt: »Heute warst du ja gar nicht du selbst« oder »So kenne ich dich ja gar nicht«, dann reagiere darauf mit einem Lächeln. »Du glaubst gar nicht, wie viele neue Seiten ich in letzter Zeit an mir kennengelernt habe« oder »ist auch gut, dass ich die Sache eher aus der Distanz betrachte und nicht so an mich ranlasse« können beispielsweise gute Antworten sein. Lass dich nicht so viel von den Gedanken der anderen beeinflussen. Habe Lust und Spaß daran, dich selbst zu entdecken und deine eigenen Rollen besser kennenzulernen.

Auf der nächsten Seite habe ich dir ein paar Kreise aufgezeichnet, in die du deine Rollen einmal selbst eintragen kannst. Wo lebst du diese Rollen? Was sind die Vorteile von ihnen? Auch wenn du sie auf den ersten Blick vielleicht noch nicht so gut identifizieren kannst: Versuch mal wirklich, in dich reinzufühlen. Wer bist du alles? Wie bist du? Und vor allem: Wie möchtest du sein? Was treibt dich an, welcher Anteil ist stärker und welcher schwächer? Was kannst du ganz deutlich sehen und was eher schwächer?

Deine Rollen & Anteile

Deine Gedanken

Energetische Balance

VON WEIBLICHER UND MÄNNLICHER ENERGIE

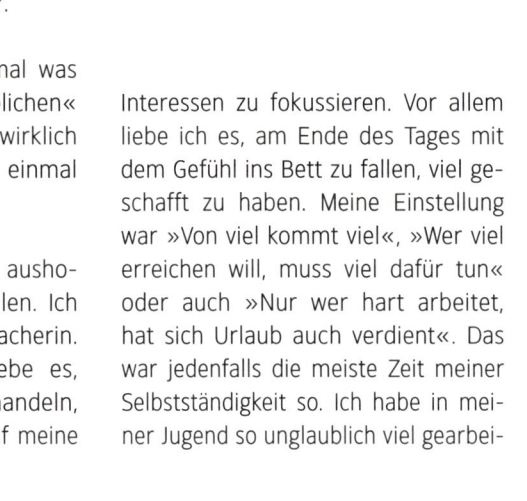

Nachdem du dir über deine Rollen bewusst geworden bist, ist es Zeit, dieses Kapitel noch zu vertiefen. Denn auf der einen Seite kennst du deine Rollen nun besser, doch wie du dich in und mit ihnen verändern kannst, ist vielleicht noch ein bisschen unklar.

Vielleicht hast du schon einmal was von »männlichen« und »weiblichen« Energien gehört. Das ist eine wirklich interessante Sache, die wir einmal genauer betrachten sollten.

Lass mich hier ein bisschen ausholen und von mir selbst erzählen. Ich war mein Leben lang eine Macherin. Ich hasse Kontrollverlust, liebe es, mit meinem Verstand zu handeln, produktiv zu sein und mich auf meine

Interessen zu fokussieren. Vor allem liebe ich es, am Ende des Tages mit dem Gefühl ins Bett zu fallen, viel geschafft zu haben. Meine Einstellung war »Von viel kommt viel«, »Wer viel erreichen will, muss viel dafür tun« oder auch »Nur wer hart arbeitet, hat sich Urlaub auch verdient«. Das war jedenfalls die meiste Zeit meiner Selbstständigkeit so. Ich habe in meiner Jugend so unglaublich viel gearbei-

tet, mehrere Firmen aufgebaut und nahezu jeden Tag eine Nachtschicht eingelegt. Mein Burnout mit Anfang zwanzig war wie ein Zeugnis für meine harte Arbeit. Ich habe mir wirklich etwas aufgebaut und unfassbar dafür gebrannt!

Da ich mit diesen Strukturen im Business vertraut und sehr erfolgreich unterwegs war, übernahm ich diese Ein-

stellung auch für andere Teile meines Lebens. Ich war in den meisten Freundschaften der aktive Part, plante Unternehmungen und hielt alle immer zusammen. Auch auf Beziehungsebene war ich eher der dominante Part. Ich entschied, wo wir zum Essen hingehen, was der nächste Urlaub sein sollte und wann wir was einkaufen. Es ist nicht so, dass das von Anfang an so war. Ich glaube, irgendwann finden wir in einer Beziehung mit einem anderen Menschen einfach eine bevorzugte Energie, eine, in der wir uns lieber aufhalten. Für mich war das die Macher-Energie. Dieser Teil hat mir einfach mehr gelegen, und ich musste mich dafür auch nicht viel anstrengen.

Doch irgendwann merkte ich, dass mir etwas fehlt. Es war kein besonderer Moment in meinem Alltag, in dem sich das alles änderte. Es war viel mehr ein schleichender Prozess, in dem ich spürte: Ich habe einen Mangel, den ich selbst nicht ausgleichen kann. Ich sehnte mich so sehr danach, mich einfach mal hinzugeben, mich fallenzulassen, mich bedingungslos anzuvertrauen, ohne zu kontrollieren. Denn wir meinen meist kontrolliertes Vertrauen, wenn wir über Vertrauen sprechen. Wer lässt sich denn heutzutage noch blind auf eine fremde Situation oder einen unbekannten Menschen ein, ohne vorher zu prüfen, ob das auch vertrauenswürdig genug ist?

Ich verstand, dass mein Leben ziemlich unausgeglichen war. Denn – du weißt: alles im Leben ist ein Pendeln – energetisch gesehen war es nicht gut, immer nur in der Macher-Energie zu sein. Irgendwann sagte eine Freundin mal ganz direkt zu mir: »Du hängst halt auch verdammt in der männlichen Energie fest!« Ich fühlte mich total angegriffen und sofort in meiner

Weiblichkeit gekränkt. Und gleichzeitig kam wieder dieses bekannte Gefühl in mir auf: wunder Punkt. Aua. Das fühlt sich komisch an, und ich weiß, dass das Gefühl jetzt nicht weggeht, bis ich es mir genau angeschaut habe.

Also begann ich, mich intensiver mit meiner eigenen Weiblichkeit zu beschäftigen.

WAS BEDEUTET ES EIGENTLICH, EINE FRAU ZU SEIN? WARUM HABEN DIE EINEN FRAUEN EINE GANZ ANDERE AUSSTRAHLUNG ALS DIE ANDEREN?

Ich begann, die Frauen in meinem Umfeld mehr zu beobachten, und begriff schnell, von wem ich mir welche Eigenschaften abgeschaut hatte. Denn all die Frauen in unserem Leben haben Eigenschaften, die wir oft für unser eigenes Leben übernehmen. Deine Mama, Oma, Schwester, alle haben eine Wirkung auf dich. Auch Freundinnen und vor allem Menschen, bei denen du Neid empfindest, haben etwas an sich, was wir auch gerne in unserer Persönlichkeit hätten. Und dann schauen wir uns das ab und fügen es zu uns hinzu.

Jedes Mal, wenn ich eine Frau traf, deren Energie mich anzog, und ich fasziniert von ihrer Ausstrahlung war, stelle ich die gleiche Frage: Was ist dein Geheimnis, um mit deiner Weiblichkeit verbunden zu bleiben? Und siehe da, all die wunderbaren Frauen gaben mir die gleichen Antworten: Hingabe, Vertrauen und sich einlassen können.

Ich könnte dir jetzt erzählen, wie sehr sich mein Leben verändert hat, seit ich mir erlaube, viel weniger im Tun zu sein. Ich lasse die Dinge mehr zu mir kommen. Ich erlaube es mir, mehr in Leichtigkeit und im Empfangen zu leben. Ich darf auch in Fülle leben, ohne sie mir vorher hart verdient zu haben. Wir alle dürfen in Fülle leben und müssen dafür nichts erbringen oder leisten.

Und glaubst du mir, dass es sich dadurch nicht nur viel einfacher lebt, sondern sich auch mehr Dinge ergeben und auftun? Solange ich mit meiner weiblichen, sanften und kreativen Mitte verbunden bleibe, ziehe ich automatisch die Menschen in mein Leben, die wirklich zu mir passen. Denn wir ziehen an, was wir ausstrahlen. Und umso mehr Zeit wir mit uns selbst und unserem Fühlen verbringen, an unserer Hingabe und dem Vertrauen arbeiten, desto mehr wird sich alles verbinden.

Das bedeutet allerdings nicht, dass du ab jetzt nur noch auf der Couch sitzen und rein gar nichts mehr tun sollst. Im Kapitel »Gesetz der Anziehung« erkläre ich dir, warum du auch wundervolle Gedanken in die Welt geben musst, um liebenswerte zu empfangen.

SEI DIR BEWUSST, DASS ES MANCHMAL NICHTS BRINGT, SICH AUF EIN ZIEL ZU VERHÄRTEN UND MIT DRUCK UND LEISTUNG UNBEDINGT ETWAS ERREICHEN ZU WOLLEN. ERLAUBE DIR DANN, AUCH WIEDER AUF DIE WEIBLICHE SEITE ZU PENDELN.

Versuche, Entscheidungen nicht immer mit dem Kopf und vor allem nicht immer sofort treffen zu müssen. Lass dich auch mal mit deinem Gefühl dazu in Kontakt treten, eine Nacht drüber schlafen oder ein Lied finden, dass dir gerade in diesem Moment guttut. Lass dich in deinem inneren Vertrauen die Dinge empfangen. Vor allem in Konflikten oder schwierigen Themen kann es dir helfen, dich auch einmal darauf einzulassen. Wir wollen die Gefühle und verletzenden Worte oft gleich wegmachen. Aber auch Schmerz kann eine Lernaufgabe sein, die du mit Dankbarkeit annehmen darfst. Und ja, ich weiß, das ist echt schwer. Niemand fühlt gerne Schmerz, niemand fühlt sich getröstet von Worten wie »Das wird wichtig für meinen Prozess sein«, wenn die Enttäuschung mal wieder so richtig einschlägt. Doch glaube mir, es ist ein Training. Denn wenn du dich mit deiner Weiblichkeit verbindest, bedeutet das auch, mit tiefen Gefühlen wie Schmerz in Kontakt zu gehen. Dich selbst zu fragen: Was brauche ich jetzt gerade, was würde mir guttun, anstatt sofort anzugreifen oder verteidigend laut zu werden.

Wenn mein Freund mich fragt, was ich abends unternehmen will, lächle ich nur liebevoll und sage: »Überrasch mich!« Du glaubst gar nicht, wie gut es auch Männern tut, mehr in ihrer Energie zu sein. Sich Mühe zu geben, die Frau zu beeindrucken, wieder führen und schützen zu dürfen. Natürlich pendeln auch Männer auf die weibliche Seite. Auch sie zeigen Gefühle und geben sich hin. Wenn dir der Begriff männlich und weiblich zu intensiv ist, darfst du auch passive und aktive Seite sagen.

Wenn es in meinem Job irgendein Problem gibt oder mich etwas wirklich wahnsinnig macht, lehne ich mich zurück und denke: »Das Universum wird schon eine Lösung finden. Ich gebe mich dem Ganzen mal hin und entscheide heute einfach nichts«, und zack – am nächsten Morgen hat sich das meiste von alleine gelöst. Oftmals versuche ich zu lange und hartnäckig, Projekte fertigzustellen, und genau

dann hängt sich mein Rechner auf oder Programme funktionieren nicht mehr.

DANN LÄCHLE ICH UND DENKE: »ES SOLL EINFACH NICHT SEIN, ICH GEBE MICH DEM JETZT HIN UND MACHE EINE PAUSE.« EIN PAAR STUNDEN SPÄTER SIND MEINE PRÄSENZ UND ENERGIE GANZ ANDERS, UND ES FLIEßT WIEDER.

Natürlich gibt es auch viele Momente, ich denen ich erst mal rumschreie und dann verstehe, dass ich mich entspannen muss – total normal!

Vertraue dem Prozess. Blättere auch gerne noch mal ein paar Seiten zurück und beobachte, in welcher deiner Rollen du mehr in der aktiven männlichen oder passiven weiblichen Energie bist. Umso mehr du beide Seiten erforschst und mit Leben füllst, desto entspannter wirst du.

weibliche ENERGIE	*männliche* ENERGIE
PASSIV	**AKTIV**
NACHT	TAG
KREATIV	FOKUSSIERT
PROZESSORIENTIERT	ZIELORIENTIERT
ERSCHAFFEND	PRODUKTIV
EMPFANGEN	VERNUNFT
INTUITION	GEBEN
HERZ	MACHT
VERTRAUEN	AUSSEN
VERGEBEN	TUN
INNEN	VERSTAND
FÜHLEN	FESTHALTEN
EINLASSEN	KONTROLLE

DEINE GEDANKEN

WAS VERBINDEST DU MIT WEIBLICHKEIT?

WAS VERBINDEST DU MIT MÄNNLICHKEIT?

IN WELCHEN BEREICHEN BIST DU PRÄSENTER IN DER WEIBLICHEN ENERGIE?

WAS FÜHLST DU IN DER WEIBLICHEN ENERGIE?

IN WELCHEN BEREICHEN BIST DU PRÄSENTER IN DER MÄNNLICHEN ENERGIE?

WAS FÜHLST DU IN DER MÄNNLICHEN ENERGIE?

ENTSCHEIDE DICH HEUTE,
EINE SACHE AUS DEINEM LEBEN
FREIZULASSEN.
LOSZULASSEN.
SIE NICHT MEHR DEINE
ENERGIE ZIEHEN ZU LASSEN.
SCHREIBE DIESE SACHE AUF.
SCHREIBE ALLES DAZU AUF,
WAS DICH BELASTET.
UND DANN GEH RAUS
UND VERBRENNE DIESEN ZETTEL.
LASSE IHN FREI.
LASS ES ZU, DASS ER SICH AUFLÖST.
PUSTE DIE ASCHE IN DIE WELT.
ES IST EIN PROZESS.

Deine Gedanken

»Wir können keine Kräfte
zum Ausdruck bringen,
dir wir nicht besitzen. Der
einzige Weg, durch den wir
uns Macht sichern können,
ist der, uns ihrer bewusst
zu werden, und wir können
uns niemals unserer Macht
bewusst werden, bis wir
erkennen, dass alle Macht
und Kraft von innen kommt.«
Charles F. Haanel

Gesetz der Anziehung

Sich immer wieder Wünsche beim Universum zu bestellen oder das Gesetz der Anziehung zu leben sind vielleicht Sätze, die du schon mal gehört hast. Doch wie ist das wirklich gemeint, und vor allem: Wie funktioniert es in der Praxis?

Alles um dich herum und in dir hat eine gewisse Energie. Das haben wir schon über unser Umfeld gelernt, und mit deinen Gedanken und deinem Verhalten ist es natürlich auch so. Eine aufrechte, lächelnde, gepflegte und frische Art hat eine andere Ausstrahlung als eine muffelige, in sich gekehrte und negative. Und das ist eigentlich auch schon das ganze Geheimnis. Wenn du mit einem Lächeln durch die Welt läufst, werden dich mehr Menschen mit einem Lächeln anblicken. Wenn du Gutes tust, wird Gutes zurückkommen. Zwar nicht immer sofort und direkt, doch an irgendeinem anderen Punkt in deinem Leben.

Ich beharre ganz selten auf meinem Recht, schreibe ganz oft viel geringere Rechnungen, als ich eigentlich könnte, rechne in Freundschaften nie auf und bin auch finanziell spendabel. Dafür springt mal spontan ein Patient in der Physiopraxis ab, wenn ich ziemliche Nackenschmerzen habe und keinen Termin bekomme. Oder es ergibt sich irgendeine Möglichkeit, für ein ausverkauftes Festival doch noch Karten zu bekommen. Wenn ich einer alten Frau beim Tragen ihrer Einkäufe helfe, kommt mein bestelltes Paket doch noch rechtzeitig an, obwohl es mit Verspätung angekündigt war.

Mein Freund schaut mich dann oft an und sagt: »Das kann nicht sein!«, und ich grinse nur und sage: »Na klar, ich hab ja auch viel Gutes getan die letzte Zeit.«

DENN ALLES, WAS DU AUSSTRAHLST, HAT EINE ERNERGIE, DIE DU DIR ALS SCHALLWELLEN VORSTELLEN KANNST. WENN DU AUF EINER POSITIVIEN FREQUENZ

LIEBE IN DIE WELT SCHICKST, WERDEN SICH ANDERE MENSCHEN, DIE AUF DER GLEICHEN FREQUENZ SCHWINGEN, DAVON ANGEZOGEN FÜHLEN UND MIT DIR IN KONTAKT KOMMEN.

Denn gleich und gleich gesellt sich gern. Doch so ist es auch mit negativen Gedanken. Vielleicht kennst du die Situationen im Leben, in denen einfach alles zusammenkommt. Ein Drama jagt das nächste, und du befindest dich in einer Abwärtsspirale. Dann formulierst du auch Sätze wie »Ich will jetzt endlich, dass es aufhört« oder »Es kann doch nicht sein, dass …«. Damit strahlst du negative Energie aus, auf die negative Energie folgen wird. Du kennst es: Sag einem Kind: »Fass das bitte nicht an«, und es wird es anfassen, weil seine Aufmerksamkeit genau darauf gelenkt wird. Und alles, was wir nicht haben dürfen, macht ja wieder neugierig.

Versuche, deine Sätze und Gedanken positiv zu formulieren. Anstatt darüber nachzudenken, was dir fehlt und was du gerne haben möchtest, richte deinen Fokus auf das, was du hast und was du erreichen möchtest. Das nennt man dann auch Bestellungen beim Universum. Und glaube mir, es funktioniert! Du darfst gute Gedanken und Wünsche gezielt ans Universum rich-

ten. Du wirst Positives empfangen. Ich dachte zuerst auch, dass das komplett übertrieben und irgendein Hokuspokus ist, der eh nicht funktioniert. Doch mittlerweile habe ich nicht nur viele Menschen, die absolut nicht spirituell sind, davon überzeugt, sondern lebe vor allem mein eigenes Leben komplett universumsverbunden und positiv.

Beginne in kleinen Schritten. Beispielsweise mit einem Parkplatz. Wenn du früher losfährst, weil du dir sicher bist, keinen Parkplatz zu finden und im Auto nur fluchst, dass das doch nicht sein kann, wirst du keinen finden. Vertraust du darauf, dass es klappt, sagst: »Liebes Universum, ich freue mich, dass ich gleich einen Parkplatz finden werde«, wirst du einen finden. Ich stelle mir jedes Mal, wenn ich kurz vor dem Ziel ankomme, vor, wie es sich anfühlt, wenn gleich jemand vor mir wieder ausparkt oder ich einen Parkplatz finde, der perfekt passt. Diese Energie, in der ich dann bin, ermöglicht mir das. Glaube mir, es funktioniert immer! Ich habe, egal wo, egal wann, immer einen Parkplatz in den vordersten Reihen, und alle anderen schütteln den Kopf und sagen: »Das kann nicht sein.« Klar, manchmal muss man auch mehrfach im Kreis fahren, aber die Laune wird dabei eine bessere sein, als wenn du nur negativ denkst.

Und dann kannst du das auf dein Leben ausweiten. Du kannst ein Problem einfach mal liegen lassen und darauf vertrauen, dass das Universum eine Lösung dafür finden wird, und stattdessen etwas Gutes tun. Laufe durch die Stadt und lächle Menschen an. Mach eine Fahrradtour durch die Natur und bedanke dich für all die Fülle, die uns die Erde ganz kostenlos zur Verfügung stellt.

Um dir etwas Mut zu machen, möchte ich dir noch die wunderschöne Geschichte von meinem Bucherfolg erzählen. Wusstest du, dass die Platzierung auf der Spiegel-Bestseller-Liste eine Bestellung beim Universum war? Ich erinnere mich noch ziemlich genau, wie ich kurz nach meiner Trennung nach Thailand geflogen bin, um in Ruhe mein Buch zu schreiben. Natürlich war Selbstliebe ein sehr aktuelles Thema für mich, und ich habe viel Zeit gebraucht, alles zu verarbeiten. Im Schreiben habe ich gemerkt, dass ich mich ausdrücken und selbst verstehen kann. Eines Nachts, als der Jetlag mich mal wieder nicht schlafen ließ und ich gerade die Layouts für die ersten Seiten in meinem Grafikprogramm umhergeschoben habe, kam mir eine Vision. Ich habe mich gefragt, was eigentlich mein Ziel mit diesem Buch ist. Und ich kam schnell drauf: Ich wollte Menschen, die vielleicht in der gleichen Situation wie ich waren, eine Stütze sein. Ein Impulsgeber für mehr Selbstliebe und Achtsamkeit. Doch wie schaffe ich es, dass dieses Buch so viel

Aufmerksamkeit bekommt, dass viele Frauen es lesen würden? Ich googelte, was es so für Möglichkeiten gäbe, ein Buch bekannt zu machen und fand die Veröffentlichungen der Spiegel-Bestseller-Liste. Wow. Das ist wirklich ein großes Ziel, dachte ich. Doch wieso nicht? Ich öffnete Photoshop und begann den Aufkleber, der nach der Auszeichnung auf die Titel der Bücher geklebt wird, auf meine Buchcover zu retuschieren. Jedes Mal, wenn ich jetzt an meinem Buch arbeitete oder den Titel vor Augen sah, visualisierte ich mir schon, dass dieser Aufkleber irgendwann dort kleben wird.

Natürlich haben ganz viele Freunde und Bekannte mich belächelt und gesagt: »Jaja, mach du nur. Visualisier dir das nur, das Universum wird's schon richten.« Meine Lektorin und der Verlag fanden meine Idee natürlich schön, doch ganz ehrlich: Wie soll eine unbekannte Autorin das mit ihrem ersten Buch schaffen? Und dann noch zu einem Thema wie Selbstliebe, zu dem es vermutlich schon Tausende andere Bücher gibt? Absolut unrealistisch. Und auch als ich googelte, was die Kriterien dafür wären, stellte ich fest, dass es eigentlich gar nicht funktionieren kann. Doch ich glaubte immer weiter an mein Gefühl. Stellte mir vor, wie ich vor Hunderten Menschen aus meinem Buch vorlesen würde, wie ich in Interviews davon erzählen würde und wie ich mit meinen Fingerspitzen über diesen Aufkleber auf dem Cover streichen würde. Ich hörte nicht auf, es mir immer wieder vorzustellen, so dass es mir schon so vorkam, als würde etwas fehlen, als ich den Titel zum Schluss ohne Aufkleber in den Druck schickte. Zehn Tage nach der Veröffentlichung war es dann so weit: Der Anruf kam. Niemand weiß wie, doch ich hatte es geschafft. Ich war auf der Spiegel-Bestseller-Liste.

SEI DIR DARÜBER BEWUSST, DASS DU DAS GESETZ DER ANZIEHUNG NICHT AUSTRICKSEN KANNST.

Es geht nicht darum, morgen eine große Summe Geld zu spenden und danach etwas Tolles dafür erwarten zu können. Es geht darum, dass du im Innen und Außen das lebst, was du von der Welt zurückbekommen möchtest.

Etwas zu manifestieren bedeutet, es sichtbar zu machen und immer wieder zu visualisieren. Nimm dir Zeit, wieder zu träumen, dir deine Wünsche und Ziele bewusst vorzustellen und in die Energie zu gehen, wie es sich anfühlt, wenn sie sich schon erfüllt hätten.
Dir an dieser Stelle zu erzählen, dass du dir beim Universum auch Geld oder den perfekten Partner bestellen kannst, wäre ein bisschen früh und würde das Ganze in deinen Augen vielleicht unrealistisch aussehen las-

sen. Doch glaube mir, zu einem späteren Zeitpunkt ist das möglich. Du darfst gerne klein anfangen, um dich selbst zu überzeugen.

Wenn du dir perfekte Dinge für dein Leben wünschst, bedeutet das nicht, dass sie problemlos oder ohne Widerstand kommen. Es geht vor allem darum, dass du immer zur richtigen Zeit die richtigen Herausforderungen bekommen wirst. Und wenn du die Lernaufgaben auch dankend annimmst, wirst du schneller im Leben weiterkommen, als wenn du dich permanent dagegen wehrst und dich ärgerst, dass deine Bestellung nicht angekommen ist. Es ist schwer zu verstehen, dass auch Krankheit, Mangelgefühle und Schmerz immer dann in dein Leben kommen, wenn es notwendig ist, etwas zu ändern. Und das siehst du an dem Wort alleine schon. Die »Not« muss sich »wenden«.

WAS FÜR BESONDERE DINGE HAST DU DURCH DEINE
AUSSTRAHLUNG SCHON IN DEIN LEBEN GEZOGEN?

DIE AUSSTRAHLUNG WELCHER MENSCHEN
ZIEHT DICH AN? WAS MAGST DU AN IHNEN?

Entdecke die Heldin,

DIE SCHON IMMER IN DIR WOHNT

Jetzt wird es Zeit, deine eigene Heldin kennenzulernen! Denn um an diesen Anteil zu kommen, mussten wir vorher erst ein paar Dinge neu strukturieren und aufräumen. In den letzten Kapiteln hast du genug Gedankenanstöße bekommen, um dir über diesen besonderen Anteil in dir bewusst zu werden. Es ist gleichzeitig der Abschluss des zweiten Kapitels und führt dich dann ins nächste, in dem wir anschließend daran arbeiten, wie wir alles sichtbar machen und nach außen tragen können.

Die Heldin in dir ist schon die ganze Zeit da. Auch wenn du sie vielleicht nicht bewusst erkannt hast oder ihr sehr wenig Aufmerksamkeit gewidmet hast, ist sie doch schon immer ein Teil von dir. Sie ist dafür verantwortlich, dass du genau jetzt hier bist und dieses Buch in den Händen hältst. Sie ist die Kämpferin in dir, die immer an das Gute glaubt und Strategien entwickelt hat, um zu überleben und nie aufzugeben.

Wenn du in deinem Leben an die schwierigsten Momente und Phasen zurückdenkst und dich fragst, wie du da eigentlich durchgekommen bist, dann war es genau dieser innere Anteil, der das bewirkt hat. Sie ist eine Superheldin, die immer dann auftaucht, wenn es eigentlich keinen Ausweg mehr gibt. Es ist nur nicht ganz so romantisch wie in einem Kinofilm. Unsere innere Heldin kommt nicht mit der dramatischen Hintergrundmusik und viel Aufmerksamkeit auf die Bildfläche. Sie löst es so, dass wir am meisten daraus lernen.

WAS SIND DIE STRATEGIEN UND DIE QUALITÄTEN, DIE DICH DURCH DIE SCHLIMMSTEN ZEITEN GEBRACHT HABEN?

Das muss gar nichts Großes gewesen sein. Oft sind es die kleinen Dinge, die so ganz still und heimlich passieren und uns Kraft geben. Ich habe in den Zeiten meiner Essstörung zu fotografieren begonnen. Nicht mit dem Gedanken, dass es mir helfen könnte, sondern weil sich ganz unbewusst etwas in mir ausdrücken wollte. Gehe gedanklich einmal zurück in schwierige Zeiten: Was hat sich in deinem Leben und in dir drin verändert? Hast du mit einer Sportart begonnen oder einem Wert mehr Raum gegeben? Überlege einmal bewusst, was dir geholfen hat, diese schweren Zeiten zu überstehen. Denn wir entwickeln oft in schwierigen Phasen sehr hilfreiche Überlebensmuster.

Die innere Heldin in dir ist deine Intuition, die du vielleicht nicht mehr gut wahrnimmst. Sie weiß aber immer, was das Richtige für dich ist. Sie weiß, was du brauchst. Vielleicht präsentiert sie dir nicht immer sofort die Musterlösung, um ans Ziel zu kommen, doch sie kennt das Ziel schon. Sie weiß, dass Stabilität und Ruhe manchmal wichtiger sind als Erfolg und Anerkennung. Wirst du manchmal in dem Moment krank, in dem es dir am wenigsten passt? Obwohl du gerade gerne so viel leistungsfähiger wärst und so viel zu tun hast? Auch das ist der Heldinnen-Teil in dir, der weiß, dass du dich zurücknehmen musst, um deine Ressourcen zu schonen und dir eine Pause zu nehmen.

Manchmal ist die Heldin in uns laut und klar, doch unser Kopf versucht dagegenzuarbeiten. Wir verstricken uns im Denken, anstatt auf unser Bauchgefühl zu hören. Wir entwickeln Anteile, wechseln in andere Rollen, in die aktive Energie oder begegnen

ausgeklügelten Strategien, die wir uns erschaffen haben, um unsere Intuition nicht fühlen zu müssen. Doch warum ist das so?

UNSERE INTUITION STELLT NICHTS IN FRAGE, SIE IST NICHT AN WISSEN INTERESSIERT, GESCHWEIGE DENN AN MACHT ODER ERFOLG.

Du bist im Bauch deiner Mutter zu einem perfekten Wesen gewachsen, hast (in den meisten Fällen) selbst entschieden, wann es Zeit ist, das Licht der Welt zu erblicken. Den Geburtsprozess hast du größtenteils allein gemeistert. Du wusstest intuitiv, wann der richtige Zeitpunkt war, laufen zu lernen oder zu sprechen, und musstest nicht lange nachdenken, was deine Lieblingseissorte ist oder ob du Spinat und Brokkoli gut findest. An Fasching wusstest du, als was du dich verkleiden willst, und hast diese Rolle gespielt, ohne dich dafür zu schämen. Heute können wir diese Entscheidungen oft gar nicht mehr treffen, weil wir nicht mehr wissen, was wir wirklich wollen. Wir wissen nicht, was wir fühlen, was gerade nur ein Gedanke und was wirklich ein Gefühl ist. Und dann übernimmt natürlich der Kopf. Denn wir denken, dass er logischer entscheiden kann, da er ja so viel mehr

Erfahrung hat. Doch dabei sind die Intuition, dein Herz, dein Körper das, was die wahre Fülle hat. Durch deine Intuition hast du das Leben in deinem eigenen Tempo kennengelernt, nicht viel in Frage gestellt und dich auch nicht mit Dingen beschäftigt, die dir nicht gutgetan haben.

Um deine ganz eigene Heldin wirklich kennenzulernen, kannst du versuchen, dich mit dem Kind in dir zu verbinden. Mit der Leichtigkeit und dem Spielerischen, das dein Verstand irgendwann unterdrückt hat.

Wenn wir in den Spiegel schauen, dann fällt es uns oft schwer zu glauben, dass wir mal dieses kleine Kind waren. Doch es ist immer noch ein Teil von dir, und dieser Teil ist ganz großes Kapital, wenn du es wirklich erkennst.

Die Heldin in dir ist positiv, kreativ, ein bisschen verrückt, liebenswert und weltbejahend. Sie will wachsen, sich entwickeln, für ihre eigenen Träume losgehen. Sie will sich sichtbar machen! Und es liegt ganz in deinen Händen, auf welche Art und Weise du das gemeinsam mit ihr angehst. Das, was in dir lebt, darf sich in deinem Leben ausbreiten, sich zeigen und andere damit inspirieren.

Weißt du, was in dir schlummert? Auf welche Art und Weise kannst du dich kreativ ausdrücken? Was kannst du

besonders gut? Bei welchen Dingen vergisst du die Zeit und kannst dich mit deinem Gefühl verbinden, in dem du ganz nach dem Rhythmus deines Herzens lebst? Vielleicht ist es eine kreative Art wie Musik, Tanz, Kunst, Sport oder Handwerk? Wie schaffst du es, deine Gefühle in dir greifbar für dich selbst zu machen?

Als ich vor vielen Jahren begonnen habe, die Musik anzumachen und zu tanzen, habe ich auch angefangen zu verstehen, was kreativer Ausdruck für mich ist.

IM TANZ VERLIERE ICH DEN BEZUG ZUR REALITÄT, DA GEHT ES NICHT UM GRÖSSE ODER ERFOLG, UMS RICHTIG-MACHEN ODER GUT-AUSSEHEN. WENN ICH DIE AUGEN SCHLIESSE UND MEIN KÖRPER BEGINNT, SICH GANZ INTUITIV ZU BEWEGEN, DANN WEISS ICH, DASS ICH IN MIR NACH HAUSE KOMME.

Ich denke nicht darüber nach, welche Bewegung ich als Nächstes mache, möchte niemandem gefallen oder etwas erfüllen. Ich verbinde mich mit meinem Körper, spüre tief in mich rein und drücke durch meine Bewegungen aus, wie ich mich fühle.

Vielleicht kannst du diese Gefühle in einem Bild sichtbar machen. In Wasserfarben, in der Struktur von einem Baumstamm, den du in der Natur findest. Vielleicht fotografierst du Gegenstände, die etwas in dir auslösen, hast ein Gespür für Farben und Formen, für Töne oder Strukturen. Es gibt kein Richtig oder Falsch. Alles, was etwas in dir bewegt, ist das, was dir guttut. Und wenn du diesem Bereich mehr Raum in deinem Leben gibst, fütterst du damit deine innere Heldin. Die Augenblicke, in denen du nicht denkst, nicht bewertest und dich nicht anpasst, sind die, in denen du deine Intuition förderst und auf dein Herz vertraust. Du würdest mit deinem Herzen nie fühlen »Diese Bewegung ist hässlich«. Das, was du wahrnimmst, ist Unwohlsein. »Ich fühle mich in dieser Bewegung nicht so wohl, weil sie was in mir auslöst, was mir unangenehm ist.«

VERTRAUE DARAUF, DASS DIE HELDIN IN DIR EINE ART UND WEISE FINDET, SICH AUSZUDRÜCKEN. DAS MUSS NICHT SOFORT UND HEUTE SEIN. DAS DARF AUCH ETWAS DAUERN. VIELLEICHT MUSST DU UNTERSCHIEDLICHE DINGE AUSPROBIEREN, BIS DU IRGENDWANN BEI EINER SACHE DIE ZEIT VERGISST UND SPÜRST: »DAS IST ES! DAS HAT JETZT RICHTIG GUTGETAN!«

Verlasse dich auf dein Herz, denn es schlug schon, bevor du denken konntest. Glaube fest daran, dass dieser Anteil schon in dir wohnt und du ihn nicht erst erschaffen musst. Deine verschiedenen Rollen und Perspektiven, die innige Verbindung zu deiner Ausstrahlung, deine Positivität und die bewussten Wechsel zwischen aktiver und passiver Energie helfen dir dabei, immer wieder in Kontakt mit diesem Anteil in dir zu kommen.

Erinnere dich in schwierigen Momenten daran, was deine unterbewussten Strategien waren, um deine vorherigen Krisen zu überwinden. An jedem Tiefpunkt im Leben entwickeln wir neue Bewältigungsstrategien und Kompetenzen, die uns in bevorstehenden Situationen weiterhelfen können. Wenn ein Plan einmal funktioniert hat, wird es auch ein Konzept fürs nächste Mal geben.

VERLASSE DICH AUF DEIN HERZ, DENN ES
SCHLUG SCHON, BEVOR DU DENKEN KONNTEST.

VERTRAUE AUF
DEINE *Intuition*

Kapitel III

DEINE NEUE VISION

Im dritten und letzten Kapitel dieses Workbooks geht es ans Umsetzen! Es erwarten dich viele Tools, Strategien und Ansätze, wie du dich kreativ ausdrücken und sichtbar machen kannst.

Viele der Unterkapitel sind Teil meiner Workshops und Retreats. Ich nutze fast alles, was ich dir hier vorstelle, auch für mich und mein Leben. Es ist ein bisschen wie ein Blick in meinen persönlichen Werkzeugkoffer.

Du hast jetzt reflektiert, erkannt und verstanden. Somit bist du bereit, ins Handeln zu kommen, das Gelernte gezielt anzuwenden, umzusetzen und dich mit neuen Aufgaben zu beschäftigen.

Mach dich bereit für eine Zukunft voller Motivation, Selbstverständnis, Selbstverwirklichung und neuem Fokus. Denn wenn du bereit bist, dich selbst weiterzuentfalten, werden Fülle und Zufriedenheit folgen. Wenn du vertraust, dass es gut wird und dass es kein Scheitern, sondern nur ein Lernen gibt, wird Großes und Kleines auf dich warten. Und alles wird dich genau dahin bringen, wo du gerne sein möchtest.

Lass uns loslegen mit der Manifestierung deiner neuen Vision. Damit auch du dein Leuchten in die Welt tragen kannst.

LÖSUNGSORIENTIERTE
Kommunikation

WAS ICH DENKE
UND FÜHLE

WAS ICH IN
WORTE FASSEN
KANN

WIE DER
ANDERE DAS
BEWERTET

WAS ICH
WIRKLICH
SAGE

WAS MEIN
GEGENÜBER
VERSTEHT

Lerne das, was du fühlst und wahrnimmst, auch deutlich und klar zu kommunizieren.

Du hast gelernt, dass du verschiedene Rollen einnimmst, dass du mit unterschiedlichen Menschen in deinem Umfeld auch unterschiedlich sprichst. Doch kannst du immer sagen, was du wirklich meinst?

In der Grafik zeige ich dir das größte Problem in der Kommunikation. Wir denken zwar immer, dass der andere uns nicht versteht, weil er nicht kapiert, was wir sagen. Doch meistens liegt es daran, dass wir schwer in Worte fassen können, was uns eigentlich berührt und was wir von unserem Gegenüber benötigen.

Dabei kannst du darauf achten, dass du klare Ich-Botschaften verwendest. Bleibe mit deinen Sätzen auf deiner Spielfeldhälfte. Es bringt nichts, zu sagen »Du hast mich falsch verstanden« oder »Du hast mich verletzt«. Kommuniziere lieber »Vielleicht habe ich mich nicht richtig ausgedrückt« oder »Ich fühle mich gerade nicht verstanden«.

Im nächsten Schritt versuche immer, lösungsorientiert und harmonisch zu kommunizieren. Klar, vielleicht brauchst du es auch mal, Dampf abzulassen. Das ist normal und mag dazugehören.

Doch wichtiger ist: Was ist für das Problem die Lösung, die euch beiden guttut? Wie könnt ihr es beim nächsten Mal verhindern, euch falsch zu verstehen?
Kommunikation lässt sich in so vielen wundervollen Thesen beschreiben. Vielleicht kennst du auch das »Vier-Ohren-Modell« oder kannst andere Methoden überprüfen, wie Kommunikation stattfinden kann.

DOCH WENN DU DICH SELBST NICHT VERSTEHST UND DEINE EIGENEN GEFÜHLE NICHT KENNST, KANNST DU AUCH NICHT ERWARTEN, DASS JEMAND ANDERES ES TUT.

Du wirst dich vermutlich immer falsch oder unpassend ausdrücken, wenn du mit dir selbst nicht in Klarheit lebst. Finde deine eigene Wahrheit, sei dir über deine Gefühle und Gedanken bewusst und interessiere dich für sie – umso deutlicher und klarer wirst du in Gesprächen deinen Standpunkt vertreten und lösungsorientiert argumentieren können.

Und ein kleiner Tipp noch zum Schluss: immer lächeln :-) Manchmal denken wir, wir wirken freundlich, doch unsere Körpersprache und Stimmlage sagen etwas ganz anderes aus.

Wie motiviere ich mich?

MUT-MACHER-LISTE FÜR SCHWERE TAGE

Ich freue mich unglaublich, endlich an diesen Punkt mit dir zu kommen. Denn dieses Thema ist etwas, was mein Leben wirklich verändert hat. So oft fühlen wir uns antriebslos oder nicht fähig, uns irgendwie selbst zu motivieren. Die To-do-Liste ist zwar unendlich lang, aber damit anzufangen ist irgendwie echt mühselig und anstrengend.

Irgendwann kam die Motivationsbibliothek in mein Leben! Wie genial ist es, sich selbst eine Bibliothek zu erstellen, mit all den Dingen, die motivieren? Jedes Mal, wenn ich ein kreatives Tief habe, öffne ich meine digitale Liste und weiß sofort, was ich machen kann, um wieder aktiv zu werden.

Und jetzt bist du an der Reihe! Hier findest du eine Vorlage für deine persönliche Motivationsbibliothek! Notiere dir all die Dinge, die dich gut fühlen lassen, die dir Kraft geben oder dich anspornen. Alles, was Lebenslust schafft, dich glücklich und lebendig fühlen lässt, gehört auf die Liste.

Vielleicht ist es auch eine bestimmte Person, die dir oft einen Rat gibt, vielleicht ist es ein Ort, der dir Kraft gibt oder ein Lied, das dich pusht. Ich zeige dir hier einen Ausschnitt aus meiner Bibliothek, damit du ein bisschen Inspiration bekommst, wie das Ganze aussehen kann:

KLETTERHALLE

SUP FAHREN

MEINE FANPOST LESEN

MUSIK AUFDREHEN UND RICHTIG ABTANZEN

YOGA MACHEN

MEINE FILME ANSCHAUEN

»FOKUS« LESEN

MEIN ERFOLGSTAGEBUCH DURCHBLÄTTERN

MIT DEN FINGERN ÜBER MEIN ERSTES BUCH STREICHEN

SEEALPSEE IN OBERSTDORF

MAMA ANRUFEN

Und jetzt bist du dran! Viel Spaß!

Deine Komfortzone

DER BLICK ÜBER DEN TELLERRAND

KOMFORTZONE

Das ist der Bereich, in dem du zu Hause bist. Hier kennst du dich gut aus, hier ist alles sicher und gut kontrollier- oder abschätzbar. Dein ganz persönlicher Bereich, in dem du dich jederzeit bewegst. Erst wenn eine Herausforderung oder ein neuer Reiz kommt, bist du gefragt, ob du dich weiterentwickeln möchtest.

ANGSTBEREICH

Sobald du über den Tellerrand blickst und deine Komfortzone verlässt, betrittst du den Bereich der Angst. Es wird unsicher für dich. Hier liegen so viele neue Erfahrungen und Dinge, die du nicht einschätzen kannst. Du hast wenig Kenntnisse in diesem Bereich. Auf dich werden die Erwartungen und Ansichten von anderen treffen, ihre Meinungen und Wertungen. Im Angstbereich beginnen wir mit Ausreden, und oft nehmen uns die Reaktionen von anderen viel Mut. Denn wir haben zu wenig Selbstbewusstsein oder auch Selbstanerkennung, um dem Druck und den Meinungen von außen standzuhalten.

LERNBEREICH

In diesem Moment wirst du plötzlich feststellen, dass du extrem viel dazulernst. Du beginnst, die Konfrontation mit deinen Problemen als hilfreich zu sehen, und veränderst dadurch deine Persönlichkeit und deinen Mindset. Die neuen Erfahrungen und Herausforderungen bereichern dein Leben und verändern viel in dir. Du hast auf einmal so viel neues Wissen und Erkenntnisse, die du auch an andere weitergeben kannst.

DEIN WACHSTUM

Jetzt bist du über dich hinausgewachsen. In diesem Bereich merkst du, wie sich neue Ziele in dir auftun und du endlich beginnst, deine Träume zu leben. Denn du weißt jetzt, dass du erst durch einigen Widerstand gehen musst, um wirklich im Leben weiterzukommen. Die Meinungen und Kritiken von anderen prallen an dir weitgehend ab, du kennst deinen Wert, spürst in dir wahren Erfolg und immer mehr Sicherheit.

W	WAHRNEHMUNG
A	ANFORDERUNGEN
C	COURAGE
H	HISTORIE
S	STRATEGIE
T	TARGETS
U	UMSETZUNG
M	MOTIVATION

Deine Gedanken

Das Rad des Lebens

WIE VIEL GEWICHT GIBST DU DEN DINGEN?

Lass uns mit dieser Übung ein wenig mehr Klarheit in dein Leben bringen. Das Rad des Lebens ist eine tolle Methode aus dem Coaching, um sich bewusst zu machen: Wo stehe ich? Wo möchte ich hin? Und was sind meine nächsten Schritte?

Ich habe dir hier einmal das Rad des Lebens aufgezeichnet. Du findest dort acht verschiedene Bereiche. Ich habe dir drei Felder frei gelassen, in denen du gerne individuell ergänzen kannst, was deine Schwerpunkte und Themenbereiche sind. Das können beispielsweise noch persönliche Weiterentwicklung, Wohnung, Finanzen, Urlaub oder Entspannung sein.

Oben siehst du die Skala von zehn bis eins. Diese Skala steht für die Zufriedenheit. Wenn du ganz intuitiv entscheiden würdest: Wie zufrieden bist du in jedem dieser Bereiche? Möchtest du dich noch verändern? Ist da noch Luft nach oben? Hat dieser Bereich eine hohe oder eine eher niedrigere Priorität? Im Bereich Umfeld kannst du mal schauen, wie sich dein Umfeld für dich anfühlt. Kannst du gute Gespräche führen? Fühlst du dich wohl und verstanden? Kannst du offen sein? Geht dein Umfeld auch gut mit Veränderung um und unterstützt dich in deinen Ideen und Projekten?

Nutze in jedem Achtel die rechte Linie, um ein Kreuz an die Stelle zu machen, an der du dich jetzt gerade, in diesem Moment siehst. Es geht nicht darum, zu sehen, wo du gerne hinmöchtest, sondern es ist eine Momentaufnahme deiner eigenen Wahrnehmung. Wie ist die Situation jetzt?

Wenn du fertig bist, verbinde all die Kreuze im Kreis miteinander. Wie sieht dein Rad des Lebens aus?

Im zweiten Schritt geht es dann darum, dass du dir den für dich idealen Wert für jeden Bereich überlegst.

DEIN RAD DES LEBENS

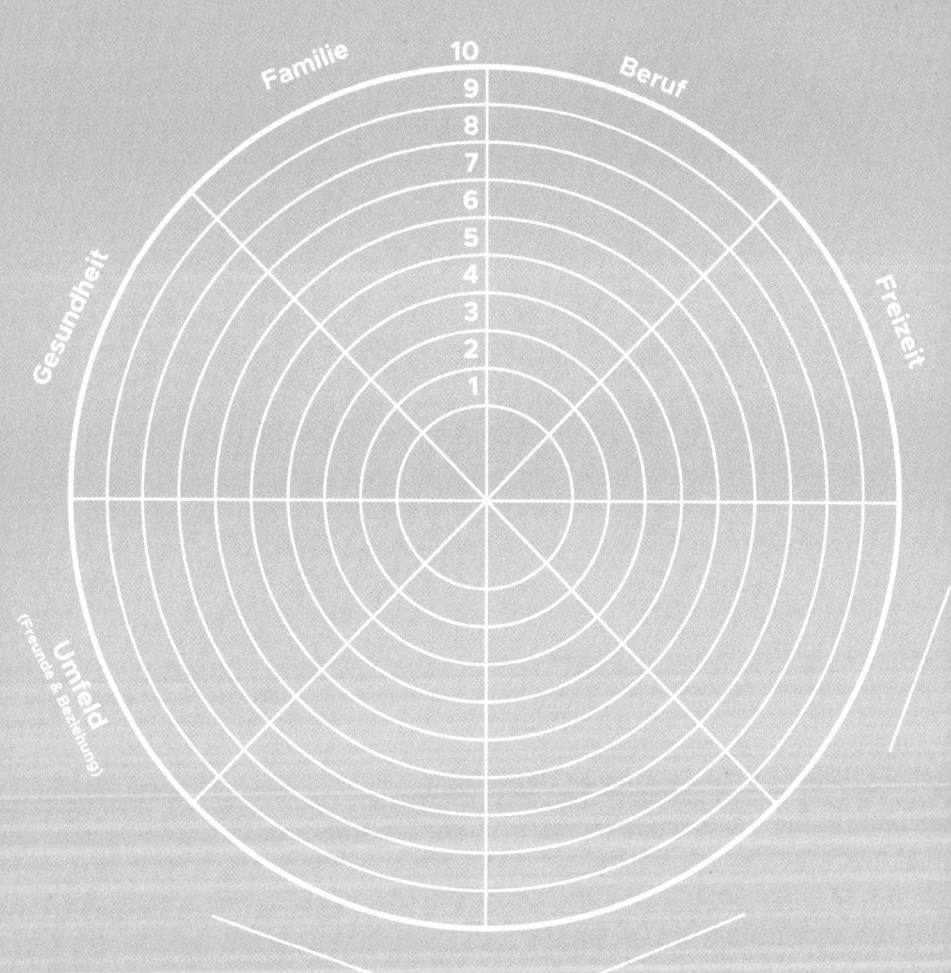

ES GEHT NICHT DARUM,
DIE HÖCHSTMÖGLICHE
PUNKTZAHL ZU BEKOMMEN.
SONDERN ZU
ERKENNEN, WO DEIN
FOKUS LIEGT.

Vielleicht ist dir Gesundheit viel wichtiger als die Arbeit. Vielleicht hat dein Umfeld eine höhere Priorität als deine Gesundheit. Sei vor allem in allen Bereichen immer ehrlich zu dir selbst! Es geht nicht um schneller, höher, weiter.

Wenn du nun auch hier die Kreuze machst und sie zu einem Kreis verbindest, siehst du, wo deine Entwicklungsrichtung ist. Du kannst die beiden Flächen gerne farbig schattieren, um zu sehen, wie und wo sie sich überschneiden.

Wie fühlt es sich jetzt an, dein Rad des Lebens in den beiden unterschiedlichen Bereichen zu betrachten? Ist es dir schwer- oder leichtgefallen? Bist du überrascht? Wenn du dieses Rad jetzt an ein Auto montieren würdest, wie würde es fahren?

Diese Übung dient supergut dazu, dem ganzen inneren Wirrwarr einmal äußerlichen Ausdruck zu geben, sich bildlich vor Augen zu führen, welche Lebensbereiche zurzeit wichtig sind und wo die eigene Priorität, aber auch die eigene Entwicklung liegen. Denn oftmals ist uns gar nicht bewusst, wo unsere Entwicklungsbereiche sind, oder wir wissen nicht, mit welchem Schritt wir als Nächstes beginnen sollen.

Nach dieser Übung kannst du dir auf den nächsten Seiten ganz gezielt überlegen: Was könnten denn solche nächsten Schritte sein? In welchem Bereich liegt ab jetzt dein Fokus? Was kannst du heute schon tun, um deinem Ziel näher zu kommen? Nutze die folgenden Fragen, um dein Ergebnis auszuwerten und auch festzuhalten!

Dein Rad könnte z. B. so aussehen:

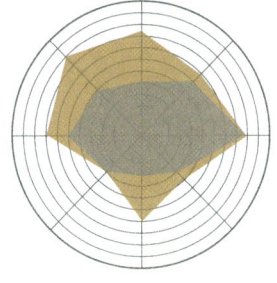

IN WELCHEM BEREICH WÜNSCHST DU
DIR NOCH MEHR ENTWICKLUNG?

WAS SIND DEINE KONKRETEN NÄCHSTEN SCHRITTE,
UM DIESEM WUNSCH NÄHER ZU KOMMEN?

IN WELCHEN BEREICHEN BIST DU ZUFRIEDEN?

WO LIEGT NOCH MEHR POTENZIAL UND WIE NUTZT DU ES IN ZUKUNFT AUCH FÜR DICH?

Vision-board

BASTEL DIR DEINE ZUKUNFT

JETZT WIRD ES ZEIT, DASS DU DAS KIND IN DIR WECKST!

WAS BRAUCHST DU?

GROSSES (AM BESTEN DIN A2) PAPIER/KARTON
SCHERE, KLEBER, STIFT
ALTE MAGAZINE & ZEITUNGEN
ZWEI STUNDEN ZEIT

WIE FUNKTIONIERT ES?

SCHNEIDE ALLES AUS DEN ZEITSCHRIFTEN AUS, WAS
DICH IRGENDWIE ANSPRICHT. GANZ EGAL, OB ES BILDER,
HEADLINES, ZITATE ODER MUSTER SIND. DENKE NICHT ZU
VIEL NACH, SONDERN ENTSCHEIDE GANZ INTUITIV.

WELCHE DINGE SOLLEN DICH IN DER ZUKUNFT BEGLEITEN?
WELCHE BILDER UND WORTE PASSEN ZU DEINEN TRÄUMEN
UND WÜNSCHEN DER ZUKUNFT?

**KLEBE ALLES AUF DEINEN KARTON AUF. EGAL, OB WILD
DURCHEINANDER ODER SORTIERT.**

HÄNGE ES DIR AN EINEN ORT, AN DEM DU ES IMMER WIEDER
BEWUSST BETRACHTEN KANNST. ÜBER DEINEM BETT WIRKT
ES UNTERBEWUSST SOGAR IM SCHLAF! :)

DU BRAUCHST EINE VISION
DENN OHNE MOTIVATION LÄSST SICH WENIG
VERÄNDERN

FANG AN, BEVOR DU BEREIT BIST
ZÖGERN HINDERT DICH NUR AN VOLLER
LEISTUNGSFÄHIGKEIT

KONSUMIERE UNUNTERBROCHEN
WEITERBILDUNG IST JETZT DEIN A UND O!

ACHTE GUT AUF DEIN UMFELD
UMGIB DICH MIT MENSCHEN, DIE DICH
WEITERBRINGEN, UND SUCHE DIR EINEN MENTOR!

FÜHRE EIN ERFOLGSTAGEBUCH
NOTIERE ALL DEINE ERFOLGE UND KLEINEN
SCHRITTE, DAMIT DU AUCH AN SCHWEREN TAGEN
AM BALL BLEIBEN KANNST

ÜBE DICH IN MUT UND VERTRAUEN
ANGST UND ZWEIFEL BLOCKIEREN DICH NUR

SEI DANKBAR
UND WERTSCHÄTZEND FÜR ALLE KLEINEN ERFOLGE

Dein Mindset

Du hast dieses Wort sicherlich schon ganz oft gehört. Doch was bedeutet Mindset eigentlich? Im Englischen steht Mind für unsere Gedanken, und grob übersetzt sprechen wir von unserer eigenen Einstellung oder den Denkmustern, die wir so verfolgen.

Und dafür ist ungefähr alles in deinem Leben verantwortlich: Was du jemals getan hast, was du erlebt hast, wer in deinem Leben war und was alles passiert ist. Jede Erfahrung hat dich auf irgendeine Art und Weise geprägt. Daraus sind deine Glaubenssätze über das Leben entstanden, deine Annahmen über verschiedene Dinge und Einstellungen, die du dadurch vertrittst.

Doch es ist ganz wichtig, immer wieder mal seinen eigenen Mindset zu erweitern. Denn die Geschichte, die du glaubst oder vertrittst, ist ja aufgrund deiner eigenen Erlebnisse und deiner Vergangenheit entstanden. Doch manchmal verändern sich Dinge auch, und wir können neue Entscheidungen darüber treffen, wie wir sie in Zukunft sehen möchten. Wenn wir unseren Horizont erweitern, verändern wir auch unseren Mindset. Und das Schöne ist: Es ist alles kostenlos und macht auch noch Spaß, da du in dich selbst investierst! Ein positiver und glücklicher Mindset ist auf jeden Fall eine gute Voraussetzung für ein gesundes und erfülltes Leben.

Jetzt fragst du dich vielleicht: Wie stelle ich das an? Auf der linken Seite habe ich dir einige Punkte zusammengefasst. Bilde dich weiter, indem du Podcasts hörst, Bücher liest, You-Tube-Videos schaust oder dich mit anderen Menschen verbindest. Versuche, positiv zu denken, dir selbst zu vertrauen und in kleinen Schritten zu gehen. Natürlich ist das nicht immer einfach und braucht viel Übung. Es ist noch kein Meister vom Himmel gefallen, vertraue in den Prozess und gib dir Zeit! Es lohnt sich definitiv, das kann ich dir versprechen!

Ikigai, die Sinnfindung

VON LEIDENSCHAFT, MISSION UND BERUFUNG

Ikigai stammt aus dem Japanischen, das Wort setzt sich aus **iki** für Leben und **gai** für Wert zusammen. Es bedeutet lebenswert oder Wert des Lebens.

Dieses wertvolle System der Philosophie möchte ich dir gerne vorstellen. Ich glaube, dass es dir helfen kann, Klarheit und Überblick zu bekommen. Natürlich ist auch das nur ein weiterer Baustein, aber er kann dich auf deinem Weg zum Ziel einen Schritt weiterbringen.

Fassen wir zuerst noch einmal zusammen, was in den letzten Kapiteln passiert ist: Wir haben über Ziele, Motivation und Erfolg gesprochen. Du bist mit deinem Wissen und Bewusstsein über dich sicher einen Schritt weiter. Vielleicht hast du auch schon ein paar neue Visionen und Träume bekommen. Doch vielleicht sind da trotzdem noch zweifelnde Sätze in deinem Kopf: Wie finde ich meine wahre Berufung? Wie lassen sich meine Ziele jetzt umsetzen, dass ich damit auch Geld verdienen kann? Was ist überhaupt sinnvoll, wie und wo finde ich Sinn? Und was ist die Mission hinter alldem?

Die Grafik hilft dir zu verstehen, wie unsere verschiedenen Potenziale zustande kommen, was wir für unterschiedliche Qualitäten haben und wie wir diese einsetzen können.

Und manchmal entstehen genau in diesen Prozessen ganz viele neue Ideen und Klarheiten. Denn Hand aufs Herz, wann hast du dir das letzte Mal überlegt, in was du wirklich gut bist? Oder was die Welt braucht? Wir versuchen oft emotional gesteuert, irgendetwas zu finden, was uns kurzfristig Ruhe gibt, was uns sinnvoll erscheint oder wie wir eine Berufung neu ausleben können. Ich glaube, jeder von uns kennt das Gefühl, plötzlich die Idee zu haben und nach ein paar Tagen oder sogar schon Stunden festzustellen, dass es doch nicht ganz so viel Sinn ergibt.

Doch wenn wir mit Ruhe und vor allem systematisch vorgehen, haben wir

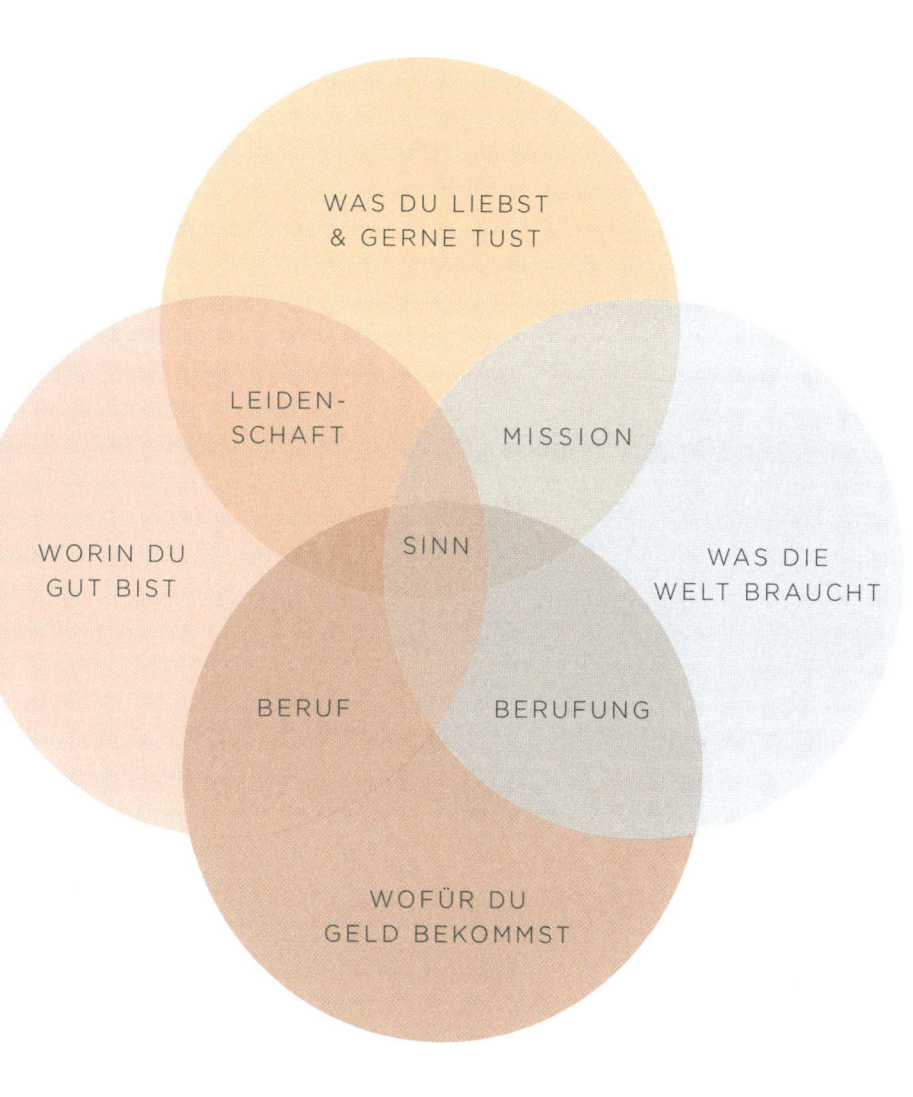

WAS DU LIEBST
& GERNE TUST

LEIDEN-
SCHAFT

MISSION

WORIN DU
GUT BIST

SINN

WAS DIE
WELT BRAUCHT

BERUF

BERUFUNG

WOFÜR DU
GELD BEKOMMST

WAS DU LIEBST
& GERNE TUST

WAS DIE
WELT BRAUCHT

WORIN DU
GUT BIST

WOFÜR DU
GELD BEKOMMST

oft viel nachhaltigere und wertvollere Erkenntnisse. Und wer weiß, vielleicht arbeitest du jetzt mit diesem Workbook und in ein, zwei Jahren fällt es dir wieder in die Hand und du denkst: Verrückt, da steht genau der Teil, der mir jetzt gefehlt hat. Der Kreis schließt sich!

DENN DER IDEALZUSTAND DES MODELLS IST ERREICHT, WENN DU ETWAS FINDEST, WAS IN ALLEN BEREICHEN PRÄSENT IST. IN DIR LIEGT BEGEISTERUNG FÜR ETWAS, WAS DU AUCH GUT KANNST, WAS DIE WELT BRAUCHT UND WOMIT DU ZUDEM GELD VERDIENEN KÖNNTEST.

Ich glaube, wir alle wünschen uns etwas zu finden, was uns erfüllt, was wir mit Leidenschaft und Hingabe leben können. Was uns aber trotzdem nicht einschränkt, uns immer wieder in diesem Bereich zu verändern.

Und lass dir gesagt sein: Du wirst deine Leidenschaft nicht finden, wenn du keine Vision hast. Denn wenn da in deinem Kopf keine Träume, keine Ideen sind, die dich wirklich antreiben und motivieren, dann wird es dir schwerfallen, wirklich in die Umsetzung zu kommen. Deswegen nimm

dir im nächsten Schritt gerne mal ein weißes, leeres Blatt und beginne, deine Vision festzuhalten. Was ist es, was du der Welt geben möchtest? Was würdest du gerne erschaffen oder ausdrücken? Was erfüllt dich wirklich, und worin bist du richtig gut? Was soll von dir auf dieser Welt bleiben, wenn du sie irgendwann verlässt?

Diese Visionen musst du dir immer und immer wieder vor Augen halten. Träume tagsüber davon, beschäftige dich mit diesen Ideen. Sie dürfen in dein Unterbewusstsein eintauchen. Ziel ist es, sie so sehr in dir zu manifestieren und zu verankern, dass du beginnst, sie zu glauben und zu verkörpern. Denn durch das Gesetz der Anziehung hast du ja gelernt, dass das, was du ausstrahlst, auch wieder zu dir zurückkommt.

Hänge dir dein Visionboard an die Wand und beschäftige dich gerne mit dieser Energie.

Es geht in erster Linie nicht darum, eine Idee zu finden, die alle vier Kreise komplett füllt. Es geht vielmehr darum, etwas zu finden, was dich zum Leuchten bringt, damit andere sich automatisch davon angezogen fühlen.

DEINE LEIDENSCHAFT

DEINE MISSION

DEIN BERUF

DEINE BERUFUNG

Deine Gedanken

WIE WERDE ICH *erfolgreich?*

Auf meinem Weg stand ich oft an dem Punkt, an dem meine innere Wahrnehmung nicht mit der Wahrnehmung von anderen übereingestimmt hat. Menschen von außen bezeichneten mich als erfolgreich, obwohl ich den Erfolg in mir gar nicht spüren konnte. In diesem Prozess merkte ich, dass es Zeit für Entwicklung ist. Denn genau die Themen, die in mein Leben kommen und mir ein komisches Gefühl hinterlassen, sind die, die mein Wachstum beinhalten. Also setzte ich mich irgendwann einmal mit Erfolg auseinander. Was ist wirklicher Erfolg eigentlich?

Ich lernte ganz schnell, dass Erfolg gar nicht von außen definierbar ist. Es gibt zwar Ansichten oder Definitionen, die das Wort oder den Sinn an sich beschreiben. Doch wirklichen Erfolg muss jeder für sich selbst erkennen.

1. WAS BEDEUTET ERFOLG FÜR DICH?

Ohne zu wissen, was Erfolg für dich bedeutet, wirst du nie erfolgreich sein. Denn an welchem Maßstab sollst du dich messen?

Für mich ist Erfolg keine Zahl auf meinem Konto oder eine Summe von Auszeichnungen. Für mich bedeutet Erfolg, jeden Morgen ausschlafen zu können, mir meine Zeit selbst einteilen zu können. Erfolg bedeutet, meine Entscheidungen immer wieder mal zu verändern und ungezwungen, frei und selbstbestimmt leben zu können. Erfolg bedeutet, auch mal Jobs abzulehnen, nein zu sagen. Erfolg bedeutet für mich sicher etwas ganz anderes als für dich! Es ist viel mehr als nur das Erreichen eines gesetzten Ziels oder die Tatsache, dass eine Anstrengung zu einem guten Ergebnis führt und Anerkennung findet.

2. TRIFF DEINE EIGENEN ENTSCHEIDUNGEN!

Das klingt am Anfang ganz einfach und ist doch oft so kompliziert. Denn: Jedes Ja ist auch ein Nein, so wie jedes Nein auch ein Ja ist. Sage ich ja zu einem neuen Auftrag am Wochenende, sage ich automatisch nein zu freier Zeit mit meinen Freunden. Sage ich nein zu einem Job, sage ich automatisch ja zu meiner freien Zeit!

Das Schwierige an der Sache ist, dass wir sehr oft versuchen, Verluste zu vermeiden, anstatt Gewinne zu erzielen. Die meisten Menschen sind so: Sicherheit geht vor Wagnis. Ich kann dir aber sagen: Am meisten bin ich an den Entscheidungen gewachsen, die riskant waren oder die ich letztendlich für mich und mein eigenes Wohl entschieden habe.

3. FINDE FOKUS UND LASS DICH NICHT ABLENKEN

Oder auch: Eliminiere all deine Störfaktoren um dich herum! Und da lauern viele! Das können Menschen in deinem Umfeld sein, Gedanken oder Erwartungen von anderen. Vielleicht sind es zu viele Aufgaben, die auch jemand anderes für dich übernehmen könnte. Beispielsweise war es für mich eine große und erleichternde Entscheidung, eine Putzfrau einzustellen, meine Steuererklärung nicht mehr selbst zu machen oder das Schneiden der Podcasts auszulagern. All das Geld, was ich dafür investiere, wird mir in freier Zeit wiedergegeben. Zeit, in der ich Dinge tun kann, um noch erfolgreicher zu werden oder auch mal einen Mittagsschlaf zu machen – Mittagsschlaf machen zu können ist ein riesengroßer Erfolg für mich :)

4. NICHT ZÖGERN, BEGINNE JETZT!

Lass dich spontan leiten, sei offen für all die Dinge, die jetzt in dein Leben kommen, und beginne zu handeln! Zögern hindert dich nur an deiner vollen Leistungsfähigkeit! Wenn du nicht kreativ bist und dich blockiert fühlst: Wechsle die Location! Verabschiede dich von dem Gedanken, immer die Beste sein zu wollen! Und mein Tipp: quick & dirty! Wir sind super im Verbessern, also beginne einfach mit irgendwas. Ich rotze so schnell irgendwelche Dinge hin, aus denen später dann was Großes wird, weil ich im ersten Schritt auch gar nicht den Anspruch habe, dass alles perfekt ist. Also »fake it, till you make it« – tu einfach so, als wärst du schon voll im Flow. Die Energie, die du dann ausstrahlst, bringt dich automatisch mehr ins Handeln, als ständig nur zu zögern.

5. GLAUBE NICHT ALLES, WAS DU DENKST

Es werden immer wieder Hindernisse und Herausforderungen kommen, die erst mal unbequem sind oder sich komisch anfühlen. Es ist normal, ans Scheitern zu denken. Deine Gedanken werden abschweifen und sich neu ordnen. Glaube dir nicht alles, was du denkst. Nur weil du daran denkst, heißt es nicht, dass es Realität wird.

1 ERFOLG KLAR DEFINIEREN

2 TRIFF ENTSCHEIDUNGEN!

3 ELIMINIERE ABLENKUNGEN

4 BEGINNE JETZT!

5 GLAUBE NICHT ALLES,
WAS DU DENKST

WAS BEDEUTET ERFOLG FÜR DICH?

WELCHE ENTSCHEIDUNGEN
SOLLTEST DU JETZT TREFFEN?

WELCHE STÖRFAKTOREN MÖCHTEST DU ELIMINIEREN?

PLATZ FÜR ALLE DINGE, DIE DU DIR AB SOFORT
NICHT MEHR GLAUBEN WIRST!

NIMM DIR HEUTE ZEIT,
DEINE ZIELE ZU VISUALISIEREN.
NIMM DIR ZEIT FÜR DICH
UND FÜR DEINE TRÄUME.
MACHE DIR MUSIK AN.
AKTIVIERE DEN FLUGMODUS.
UND DANN LEGE DICH BEWUSST
HIN UND TRÄUME.
WIE SOLL DEIN LEBEN SEIN?
WAS MÖCHTEST DU NOCH ERLEBEN?
WOHIN MÖCHTEST DU NOCH REISEN?
WELCHE GEFÜHLE MÖCHTEST DU FÜHLEN?
WAS IST DEIN GRÖSSTER WUNSCH?
WIE WÜRDE ES SICH ANFÜHLEN,
WENN DU IHN VERWIRKLICHST?
WAS WÜRDE SICH IN
DEINEM LEBEN VERÄNDERN?

UMSO MEHR DU DICH
MIT DIESEN GEDANKEN BESCHÄFTIGST,
DESTO SCHNELLER
WIRD DEIN UNTERBEWUSSTSEIN
ENTSCHEIDUNGEN TREFFEN,
UM DICH DIESEN TRÄUMEN
EIN STÜCK NÄHER ZU BRINGEN.

Deine Gedanken

Money Mindset

DEINE BEZIEHUNG ZUM GELD

»Geld macht nicht glücklich.« Das stimmt. Aber kein Geld macht auch nicht glücklich.

Dieser und viele weitere Glaubenssätze über Geld haben die Erziehung von vielen von uns geprägt. »Über Geld spricht man nicht« – »Geld stinkt« – »Geld verdirbt den Charakter« oder »Reiche Leute sind böse« sind vielleicht Sätze, die du von früher kennst. Geld ist oft mit etwas Negativem verknüpft, es ist der Grund von Streit, Krieg, Macht oder auch Not. Doch der einzige Mensch, der daran etwas ändern kann, bist du selbst. Du selbst entscheidest, was Geld für dich ist, was es sein soll und wie du darüber denkst. Und natürlich auch, wie du dich Geld gegenüber verhältst.

Hast du dir schon einmal Gedanken über deine Beziehung zu Geld gemacht? Wie stehst du zu Geld? Was sind deine Gedanken und Gefühle?

Für mich ist Geld Energie und somit ein wichtiger Bestandteil meines Lebens. Und Energie muss immer fließen. Als ich das erste Mal gelesen habe, dass 0,9 % der Weltbevölkerung ein Vermögen über 1 Million Dollar und 89,2 % der Welt weniger als 100.000 Dollar besitzen, 56,6% sogar weniger als 10.000 Dollar, ging mir ein Licht auf. Dieser Anteil, der weniger als 1% der Menschheit ausmacht, muss etwas anders machen als alle anderen Menschen. Doch konnte das sein?

Ich frage mich oft, warum wir in der Schule keine bessere Erziehung zum Thema Geld erfahren haben. Und heute? Wenn wir lernen wollen, Auto zu fahren, suchen wir uns eine Fahrschule, wollen wir einen Beruf erlernen, machen wir eine Ausbildung. Wenn eine Geburt bevorsteht, besuchen wir einen Geburtsvorbereitungskurs. Doch warum nehmen wir uns bei dem großen Thema Finanzen keine Unterstützung? Warum besuchen wir keine Seminare, um den richtigen Umgang mit Geld zu lernen?

Als ich jung war, war es für mich unglaublich viel Geld, wenn meine Oma mir einen Fünfzig-Mark-Schein zugesteckt hat. Ich hatte das Gefühl, ich könnte mir die Welt davon kaufen. Irgendwann werden wir dann gefühlt von heute auf morgen erwachsen und stellen fest, dass die Bedeutung von Geld, die damit verbundene Verantwortung und auch die Wertigkeit eine ganz andere ist. Wir leben von Monatsanfang zu Monatsende und haben eigentlich schon gleich zu Beginn das zur Verfügung stehende Geld verplant. Und so geht es dann unser Leben lang weiter. Wir versuchen es zu vermeiden, Schulden zu machen, und kommen erst gar nicht auf den Gedanken, uns damit zu beschäftigen, wie sich unser Geld vermehren kann oder wie wir es für uns arbeiten lassen können.

VERÄNDERE DEINEN MINDSET

Der wichtigste Punkt ist natürlich wieder dein Mindset. Rücke dieses Thema in deinen Fokus und beginne zu konsumieren. Lies Bücher, besuche Seminare oder höre Podcasts zum Thema finanzielle Freiheit und Money Mindset. Die vorherrschenden Gefühle in Bezug auf Geld sind bei den meisten Menschen Gier oder Angst. Gier, nichts hergeben zu wollen, oder auch geizig mit seinem Geld zu sein. Oder Angst, Geld zu verlieren. Beobachte dich gut und erkenne deine Muster.

LÖSE DEINE GLAUBENSSÄTZE AUF

Um deine Beziehung zu Geld zu verändern, solltest du dich von deinen Glaubenssätzen distanzieren. Alles, was du bisher über Geld und den Umgang damit gelernt hast, darfst du jetzt korrigieren. Überlege dir gut, was du für deine Zukunft glauben möchtest, und erschaffe dir neue, positive Affirmationen.

WERDE DER CHEF DEINER EIGENEN FINANZEN

Ich habe jahrelang gedacht, Finanzberater oder Versicherungsmakler gehen mit meinem Geld gewissenhaft und sicher um. Heute weiß ich, dass ich Unmengen an Geld in Versicherungen bezahlt habe, die ich nie in Anspruch genommen habe. Es mag zwar ein gutes Gefühl sein, gegen alle Eventualitäten des Lebens versichert zu sein, doch ganz ehrlich: Du wirst niemals das rausbekommen, was du einbezahlt hast. Schaffe dir deine eigenen Rücklagen für Extremfälle. Natürlich gibt es auch Versicherungen, die unumgänglich und wichtig sind, doch überprüfe für dich selbst, was du wirklich brauchst und was du dir nur verkaufen lässt. Die beste Verkaufsstrategie ist Angst: Weil viele von uns Angst vor den Extremfällen haben, vor den persönlichen finanziellen Katastrophen, fühlen wir uns durch abgeschlossene Versicherungen wohler und versorgter.

SCHAFFE DIR EINEN ÜBERBLICK

Was gibst du monatlich aus? Was nimmst du ein? Was sind deine Fixkosten? Wie hoch sind die Kosten, die du nicht direkt auf dem Schirm hast? Was bezahlst du an Kontoführungsgebühren, Versicherungen oder monatlichen Apps oder Abos? Wie viel Geld fließt in welchen Topf? Versuche, diese Kosten zu minimieren. Du bist der einzige Mensch in deinem Leben, der dafür Verantwortung und Kontrolle darüber übernehmen kann. Es ist deine Angelegenheit.

LEBE DAS GEFÜHL VON REICHTUM

Ich persönlich liebe es, mir immer wieder Luxus zu gönnen. Eine Thai-Massage, ein Friseurbesuch oder ein Wellnesswochenende füllen mich mit dem Gefühl von Selbstliebe und Reichtum. Gönne dir das und schaffe dir dafür ein eigenes Konto! Ebenfalls sammle ich alle Fünf-Euro-Scheine, die ich bekomme, und lege sie in eine goldene Glaskiste in mein Schlafzimmer. Diese Scheine werden niemals ausgegeben, sie stehen symbolisch dafür, mich reich zu fühlen und in dieser Energie zu schwingen. Ich liebe es, sie zu zählen und das Gefühl von Fülle wahrzunehmen, wenn ich mit meinen Händen durch diese Mengen an Scheinen wühle. Wenn du

möchtest, kannst du auch all dein Kleingeld sammeln und nie ausgeben.

WIE SPRICHST DU ÜBER GELD?

Sagst du Kohle, Asche oder Schotter? Dann darfst du dich nicht wundern, wenn sich das auch in der Beziehung zu deinem Geld zeigt. Kohle verbrennt, Schotter wird abgetragen. Achte auf deine Wortwahl: Geld ist Geld. Nichts anderes. Das, was du ausstrahlst und aussprichst, ist das, was du energetisch auch wieder anziehst.

MACHE NIEMALS SCHULDEN

Solltest du Schulden haben, lege den Fokus als Erstes darauf, sie abzubezahlen. Ich habe bis heute noch nie etwas finanziert. Ich halte nichts von Krediten, Null-Prozent-Finanzierungen und Ratenzahlungen. Ich leiste mir erst dann etwas, wenn ich auch das Geld dafür habe. Glaube mir, sich in ein bezahltes Auto zu setzen ist ein unglaublich tolles Gefühl. Meine persönliche Meinung ist auch, mich niemals mit einer Immobilie zu verschulden. Natürlich ist der Traum vom Eigenheim für viele reizvoll, aber dafür die nächsten zwanzig Jahre finanziell von meinem Job abhängig zu sein und jede Nacht mit einer großen Summe Schulden im Kopf schlafen zu gehen, wäre nichts für mich. Auch hier darf jeder seine eigenen Entscheidungen treffen.

Menschen, die Geld haben, werden dich anders beeinflussen als Menschen, die kein Geld haben. Denn Menschen ohne Einkommen haben andere Geldsorgen als Menschen mit viel Reichtum. Achte weise auf ein gutes Gleichgewicht.

DAS KONTENMODELL

Niemals hätte ich gedacht, dass das funktioniert. Und glaube mir, ich habe mich anfangs wirklich sehr dagegen gewehrt. Doch ein guter Freund kam irgendwann mit der Strategie des Sechs-Konten-Modells ums Eck. Die Idee ist, sein Einkommen in verschiedene Töpfe einzubezahlen. Das bringt dir nicht nur mehr Überblick über deine Finanzen, sondern führt auch dazu, dass sich diese Töpfe von allein füllen und sich das Geld vermehrt. Außerdem muss man manche Konten am Ende des Monats auch leer haben, um das Geld weiter im Fluss zu halten. Seit einem halben Jahr verteile ich meine Einnahmen auf verschiedene Konten und kann dir sagen: Es ist unglaublich, was sich seitdem in meinem Leben verändert hat. Irgendwie finanziert man sich ununterbrochen selbst. Und das Geld wird nicht weniger, sondern permanent mehr. Egal, welche Anschaffungen kommen, irgendwie hat man immer für alles schon vorausgesorgt. Wenn du mehr Interesse hast, höre dir gerne meine Podcast-Folge #118 »Dein Weg in die finanzielle Freiheit« mit Suk-Jae Kim dazu an.

GELD MUSS FLIESSEN

Vielleicht klingt es für dich verwirrend, doch wenn ich mehr Geld verdienen möchte, muss ich auch mehr ausgeben. Damit Geld sich vermehrt, muss es fließen. Sieht man Geld als Energie und betrachtet es im Gesetz der Anziehung, erscheint es vollkommen logisch. Oft machen wir den Fehler, das Geld mehr kontrollieren zu wollen, doch nur wenn wir auch finanziell pendeln und selbst bereit sind zu investieren, bleibt Geld im Fluss.

BEGINNE JETZT

Das Schöne ist, dass du jetzt sofort damit beginnen kannst. Du musst nicht auf morgen warten oder erst irgendwelche Dinge erfüllen. Starte jetzt. Umso früher, desto besser. Und sei es dir selbst wert! Denn nur du entscheidest, wie deine Zukunft aussehen wird.

WAS BEDEUTET GELD FÜR DICH?

WELCHE GLAUBENSSÄTZE HAST DU ZUM THEMA GELD?

WAS MÖCHTEST DU IN DEINER BEZIEHUNG ZU GELD AB SOFORT ANDERS MACHEN?

FORMULIERE DEINE GLAUBENSSÄTZE IN POSITIVE AFFIRMATIONEN UM:

Neuer Fokus

WIR ALLE BRAUCHEN ZIELE!

Früher habe ich mich unglaublich gegen dieses ständige Finde-und-definiere-deine-Ziele-Ding gewehrt. Meine Meinung war ganz klar: Ich brauche keine Ziele. Denn der Weg, den ich manchmal so ziellos gehe, führt mich an viel schönere Orte und bringt Dinge in mein Leben, mit denen ich gar nicht gerechnet hätte. Ich dachte, wenn ich jederzeit mein Ziel vor Augen habe, verpasse ich vielleicht etwas von den wertvollen Momenten, die das Leben sonst noch so zu bieten hat.

Mittlerweile weiß ich, dass ich für mich persönlich das Wort Ziele nur gegen Fokus austauschen muss, und schon fühlt es sich besser an. Natürlich gilt auch hier: den Fokus schriftlich festhalten, ihn visualisieren.

Warum? Ganz einfach: Damit ich wahrnehme, wie sich mein Leben und mein Fokus immer wieder verändern. Damit ich in ein paar Jahren sehe: Krass, jetzt habe ich es erreicht, ich hatte vollkommen vergessen, dass das damals schon mein Wunsch war! Oder auch: Damit ich immer wieder überprüfen kann, wofür ich eigentlich tue, was ich tue. Denn Ziele sind für viele von uns auch motivierend und aktivieren so einige Kraftquellen, von denen wir manchmal noch gar nichts ahnen.

WENN WIR UNS ZEIT NEHMEN, UNSERE ZIELE ZU VISUALISIEREN, BESCHÄFTIGEN WIR UNS GANZ INTENSIV MIT UNSEREN EIGENEN WÜNSCHEN. DEN POSITIVEN! UND DAS HAT JA WOHL NOCH NIEMANDEM GESCHADET.

Und genau deshalb ist die Zielsetzung so wichtig! Weil wir wieder träumen, weil wir uns wieder Zeit nehmen, uns positiv mit unserer Zukunft zu beschäftigen! Weil wir uns vorstellen, wie es wohl wäre, wenn wir das Ziel erreichen würden. Und positive Gedanken ziehen positive Dinge an! Das wissen wir ja mittlerweile schon!

Smarte Ziele

WIE SETZE ICH MIR REALISTISCHE ZIELE?

SPEZIFISCH

DEIN ZIEL MUSS GENAU DEFINIERT SEIN.
FORMULIERE ES SO DETAILLIERT WIE MÖGLICH.
WENN DU SAGST »ICH MÖCHTE EINEN NEUEN
JOB«, SAGT DAS ZU WENIG AUS. WAS FÜR EINEN
JOB MÖCHTEST DU? WAS SOLL ER BEINHALTEN?
WAS MÖCHTEST DU VERDIENEN?

MESSBAR

DEIN ZIEL SOLLTE AUS EIGENER KRAFT
ERREICHBAR SEIN. WENN DU DAFÜR ANDERE
MENSCHEN BRAUCHST ODER ANDERE FAKTOREN
ES BEEINFLUSSEN, STEHT ES NICHT ALLEIN IN
DEINER MACHT.

ATTRAKTIV

DEIN ZIEL SOLLTE ATTRAKTIV FÜR DICH SEIN! ES
MUSS DICH ANSPORNEN, DIR LUST MACHEN, DICH
DAMIT ZU BESCHÄFTIGEN!

REALISTISCH

NICHTS IST DEPRIMIERENDER ALS
UNERREICHBARE ZIELE. DA LOHNT ES SICH JA
GAR NICHT, ANZUFANGEN. WIE MACHBAR IST
DEIN ZIEL INNERHALB DER ZEIT UND MIT DEINEN
ZUR VERFÜGUNG STEHENDEN MITTELN?

TERMINIERT

WAS IST BIS WANN ZU ERLEDIGEN? WANN
MÖCHTEST DU DEIN ZIEL ERREICHT HABEN?

Mein Ziel

Ich möchte gerne mein eigenes Buch schreiben.

Über meine Geschichte und mit vielen Bildern

von mir aus den letzten Jahren.

WARUM MÖCHTE ICH ES ERREICHEN?

Weil ich es mir unglaublich krass vorstelle, anderen

Menschen mit meiner Geschichte helfen zu können

und ihnen Mut zu machen.

Und ich dürfte mich Autorin nennen :)

WAS KÖNNTEN ZWISCHENSCHRITTE SEIN, DIE MICH MEINEM ZIEL NÄHER BRINGEN?

Regelmäßig bloggen

wann immer mir danach ist, Texte schreiben und

abspeichern

in InDesign einfach mal eine Datei anlegen und

anfangen

einen Titel überlegen, damit ich es mir besser

vorstellen kann!!

In den nächsten 5 Jahren.

WER KANN MIR HELFEN, DIESEM WUNSCH NÄHER ZU KOMMEN? WER KANN MICH AUF DIESEM WEG ODER BEI EINEM ZWISCHENSCHRITT UNTERSTÜTZEN?

Ich suche mir einen Menschen, dessen Buch ich gut fand und frage nach einem Coaching.

Ich suche mir eine Lektorin, die mir helfen kann. Umhören, welcher Verlag gut zu mir passen könnte

WIE BELOHNE ICH MICH, WENN ICH ES ERREICHT HABE?

Ich fliege endlich nach Bali und gönne mir einen Monat Ruhe, Entspannung, Yoga, gesunde Ernährung und viel Abenteuer!!! (und einige Massagen!) :))

HEUTIGES DATUM

20. November 2017

Mein Ziel

_____

_____

_____

WARUM MÖCHTE ICH ES ERREICHEN?

_____

_____

_____

_____

WAS KÖNNTEN ZWISCHENSCHRITTE SEIN, DIE MICH MEINEM ZIEL NÄHER BRINGEN?

_____

_____

_____

_____

_____

_____

BIS WANN MÖCHTE ICH MEIN ZIEL ERREICHEN?

WER KANN MIR HELFEN, DIESEM WUNSCH NÄHER ZU
KOMMEN? WER KANN MICH AUF DIESEM WEG ODER
BEI EINEM ZWISCHENSCHRITT UNTERSTÜTZEN?

WIE BELOHNE ICH MICH, WENN ICH ES ERREICHT HABE?

HEUTIGES DATUM

Mein Ziel

WARUM MÖCHTE ICH ES ERREICHEN?

WAS KÖNNTEN ZWISCHENSCHRITTE SEIN,
DIE MICH MEINEM ZIEL NÄHER BRINGEN?

BIS WANN MÖCHTE ICH MEIN ZIEL ERREICHEN?

WER KANN MIR HELFEN, DIESEM WUNSCH NÄHER ZU
KOMMEN? WER KANN MICH AUF DIESEM WEG ODER
BEI EINEM ZWISCHENSCHRITT UNTERSTÜTZEN?

WIE BELOHNE ICH MICH, WENN ICH ES ERREICHT HABE?

HEUTIGES DATUM

Mein Ziel

WARUM MÖCHTE ICH ES ERREICHEN?

WAS KÖNNTEN ZWISCHENSCHRITTE SEIN,
DIE MICH MEINEM ZIEL NÄHER BRINGEN?

BIS WANN MÖCHTE ICH MEIN ZIEL ERREICHEN?

WER KANN MIR HELFEN, DIESEM WUNSCH NÄHER ZU KOMMEN? WER KANN MICH AUF DIESEM WEG ODER BEI EINEM ZWISCHENSCHRITT UNTERSTÜTZEN?

WIE BELOHNE ICH MICH, WENN ICH ES ERREICHT HABE?

HEUTIGES DATUM

Dein Erfolgstagebuch

DOKUMENTIERE DEINE ERFOLGE SICHTBAR

Hiermit verrate ich dir eins meiner wertvollsten Tools! Wenn eine Sache mich in den letzten Jahren immer wieder gepusht, erfüllt und mir unglaublich viel Sicherheit und Selbstliebe gegeben hat, ist es mein Erfolgstagebuch :)

Denn ganz ehrlich – wie bewusst bist du dir über deine eigenen Erfolge? Und wir haben ja gelernt: Erfolg ist das, was du als Erfolg definierst! Es gibt so viele kleine Zwischenmomente, so viele Ereignisse, die wir oft aus den Augen verlieren, wenn wir sie nicht richtig festhalten. Und das ist für mich das Wertvollste: Du kannst selbst dafür sorgen, dass du dich auch in Zukunft noch an all diese Momente erinnern kannst.

Denn diese Momente anzusehen wird dir wieder Kraft und Motivation geben. Deshalb tust du das wirklich nur und ausschließlich für dich selbst! Ausreden gibt es nicht, Alternativen auch nicht – also nimm dir die nächsten 10 Minuten Zeit, lege das Workbook zur Seite und erstelle dir dein ganz eigenes Erfolgstagebuch!

Am besten funktioniert das digital. Ich persönlich nutze dafür Evernote, es eignen sich aber auch die Notizen auf deinem Handy. Wichtig ist, dass du Bilder einfügen kannst und es schnell geht. Nichts ist aufwendiger als komplizierte Dinge! Natürlich ist ein Buch zu Hause, in das du Bilder einklebst, kreativer als eine digitale Datei. Doch dafür musst du jedes Mal Zeit aufbringen, dich hinsetzen, drucken, einkleben.

Es geht ganz einfach: Wenn du einen Erfolg verspürst, nimm dein Handy und mach in diesem Moment ein Foto! Es geht nicht um ein technisch perfektes Bild, es geht um ein Gefühl, um einen Moment! Als beispielsweise mein erstes digitales Produkt sich das erste Mal verkauft hat, saß ich gerade mit Freunden im Sonnenuntergang. Die Mail mit dem Verkauf kam, und ich machte in dem Moment ein Foto von mir und den Mädels mit unserem

Ideenfindung beim Fischer Verlag

Wir haben einen Titel!!!

Business Class Upgrade! Ich schreibe über

den Wolken das schwierigste Kapitel fertig!

Schreiben + Meerblick = Riesenerfolg!

Mein Buch kommt endlich per Post und ich

halte es in den Händen!!!

Der Anruf: Ich habe es auf die Spiegel-Bestseller-

Liste geschafft!!!! Mein Traum wird wahr!!

Meine erste Lesung vor über 100 Menschen!!

Ich schreibe meine erste Autogrammkarte mit

Papas Stift! Kann mich jemand kneifen????

ERFOLG IST DAS,
WAS FOLGT,
WENN DU DIR
SELBST FOLGST.

HERMANN SCHERER

Bier. Es geht um den Augenblick, in dem du gerade fühlst. Vielleicht ist es auch eine unfassbar schöne Mail, die gerade reinkommt, wertschätzende Worte von Freunden ... mache einen Screenshot, ein Foto, irgendetwas, was dich an dieses Gefühl erinnert, und halte es fest!

Wenn du fleißig bist, kannst du es direkt in dein Erfolgstagebuch kopieren, wenn du magst, kannst du das auch gesammelt tun. Ich pflege mein Erfolgstagebuch meistens, wenn ich warten muss oder im Flugzeug. Ungefähr einmal im Monat nutze ich die Zeit, meine Bilder durchzugehen und all die wichtigen Momente mit Datum und einem kurzen Gefühl chronologisch einzusortieren. Für jedes Jahr mache ich ein neues Erfolgstagebuch. Irgendwann wird die Datei mit all den Bildern nämlich einfach zu groß!

Und immer, wenn du dich fragst, ob das jetzt ein Moment fürs Erfolgstagebuch ist, nimm dein Handy und zögere nicht! Es gibt keine zu kleinen Erfolge! Es zählt nur das Gefühl von Glück und Erfüllung, um dich an schlechten Tagen zu erinnern, dass auch wieder gute Tage kommen werden.

Das Erfolgstagebuch braucht keinen Druck, keine Vorgaben und keine Deadlines. Es lebt von deiner Wertschätzung zu dir selbst. Umso mehr

du für schwierige Zeiten vorsorgen möchtest, desto mehr Aufmerksamkeit wirst du ihm geben. Es hat also viel mit Selbstfürsorge zu tun.

Und, ganz wichtig: Lösche niemals alte Einträge raus, nur weil die Menschen oder deine Gefühle sich verändert haben. Alles, was in deinem Leben ist, hat deine Vergangenheit hervorgebracht. Auch wenn sich manche Gegebenheiten verändert haben, betrachte sie mit Dankbarkeit und einem Lächeln. Es war mal sehr wichtig für dich, sonst hättest du es damals nicht festgehalten und dem Moment diesen Ort zugewiesen.

DAS GEGENTEIL VON ERFOLG IST NICHT MISSERFOLG. ES GIBT GAR KEINEN MISSERFOLG! DAS GEGENTEIL VON ERFOLG IST NICHTSTUN!
(DIRK KREUTER)

Also los! Nimm dein Handy in die Hand und beginne es zu füllen! Lass deine Erinnerungen aufleben und feiere dich selbst, für all die kleinen, glücklichen, unvergessenen Augenblicke!

Warum Veränderung

SO WICHTIG FÜR DEINEN PROZESS IST

Es ist mal wieder Zeit, dir etwas aus meinem Leben zu erzählen. Denn viele von uns haben die Vorstellung, dass es im Leben darum geht, etwas zu finden, was uns erfüllt und bis zum Rest unseres Lebens glücklich macht. Doch ich kann dir aus eigener Erfahrung sagen, dass die wahre Kraft für mich in dem Prozess der Veränderung liegt.

ALLES IM LEBEN IST EIN EINZIGER WANDEL. NICHTS BLEIBT GLEICH. WIR WERDEN ÄLTER, VERÄNDERN UNS, ENTWICKELN UNS UND WACHSEN MIT DEN MENSCHEN UM UNS RUM. ES IST EIN TRUGSCHLUSS, DASS WIR GLAUBEN, WIR HÄTTEN DAS LEBEN ODER GAR ZEIT IM GRIFF.

Und umso mehr wir uns dem fügen und dem Prozess vertrauen, desto einfacher lässt es sich leben.

Je mehr wir uns auflehnen und versuchen, Dinge festzuhalten, desto anstrengender wird dieser Kampf, den wir letztendlich nur mit uns selbst führen. Denn manchmal ergeben sich die schönsten Angebote und Möglichkeiten, wenn wir uns hingeben und mit offenem Herzen leben. Ich glaube fest daran, dass das Leben uns immer zum richtigen Zeitpunkt die Menschen in unser Leben bringt, die wir brauchen. Und dass jeder Einzelne von uns immer wieder neue Wege angeboten bekommt. Doch wir müssen diese Momente auch erkennen und den Mut haben, sie zu nutzen. Und ja, vielleicht braucht es Potenzial, um das zu erkennen. Vielleicht braucht es einen geschulten Blick, um Chancen klar zu sehen. Doch glaube mir, wenn ich das kann, dann kannst du das auch.

Ich begann in meiner Jugend mit der Fotografie. Irgendwie merkte ich, dass mir das Spaß machte und ich andere Menschen damit glücklich machen konnte. Doch nicht nur andere, sondern auch mich selbst. Das Glück der anderen war auch mein eigenes Glück. Und ich fand dadurch einen Weg, meine tiefen Emotionen zu verarbeiten und meine Gefühle irgendwie sichtbar zu machen. Mich auszudrücken.

Die Ausbildung zur Fotografin war allerdings eine rein technische Geschichte und fand meistens nur in Porträtstudios statt. Da ich keine Lust hatte, tagelang Passfotos zu machen, entschied ich mich für eine Ausbildung zur Mediengestalterin in einer Werbeagentur. Warum ich die Schule geschmissen habe und mich über Praktika, einige Arbeitsproben und viel Engagement auf diesen Weg begeben habe, habe ich in meinem ersten Buch sehr ausführlich erzählt.

In der Werbeagentur konnte ich meine fotografische Seite mit einfließen lassen. Ich habe einige interne Jobs übernommen, Mitarbeiterporträts gemacht und viel Zeit mit der Kamera verbracht. Gleichzeitig war ich aber auch in der Lage, all die benötigten Grafiken für meine Fotografie selbst zu machen. Ich konnte mir eine Website erstellen, ein Logo machen, brauchte keine Hilfe für Visitenkarten oder Flyer. Es fing an sich zu verändern.

Als ich dann nach meiner Ausbildung direkt in die komplette Selbstständigkeit gegangen bin, konnte ich all das Gelernte aus der Agentur mit anbieten. Ich konnte meinen Hochzeitskunden Einladungskarten gestalten und den Geschäftskunden helfen, ihr Logo zu designen oder andere grafische Tätigkeiten erledigen.

Doch irgendwann merkte ich: Mich erfüllt das nicht mehr so wirklich. Ich spürte, dass meine Berufung mehr darin lag, Menschen glücklich zu machen und ihnen gleichzeitig zu ihrem eigenen Glück zu verhelfen. Also begann ich mit Workshops und Einzelcoachings, um anderen das Fotografieren beizubringen.

Nachdem ich diese Art von Workshops einige Male gemacht hatte, stellte ich fest, dass meine Zielgruppe schon wieder weitergegangen war. Sie wollten sich jetzt auch selbstständig machen und mit ihrer Fotografie Geld verdienen. Also begann ich, weitere Workshops und Seminare zum Thema Marketing, Branding und Social Media anzubieten. Denn ich orientiere mich immer daran, was meine Zielgruppe interessiert.

Durch meinen Aufenthalt in der psychosomatischen Klinik bin ich auf das Konzept der Körper- und Tanztherapie gestoßen und begann wenig später mit der Ausbildung zur kreativen Tanz- und Ausdruckstherapeutin. In dieser Zeit beschäftigte ich mich sehr intensiv mit dem eigenen Körper, Visionen, dem Selbstbild und Glaubenssätzen. Zeitgleich stellte ich auch in meinen Workshops fest: Die meisten Teilnehmer hatten gar kein Problem mit der Preisfindung oder dem Business. Sie zweifelten eigentlich an sich selbst.

DENN WENN ICH PROBLEME DAMIT HABE, EINEN STIMMIGEN PREIS FÜR MEINE LEISTUNG ZU FINDEN, LIEGT ES VERMUTLICH DARAN, DASS ICH NICHT WEISS, WAS ICH MIR SELBST WERT BIN. WENN ICH MIT DER KRITIK DER ANDEREN NICHT UMGEHEN KANN, SOLLTE ICH MICH MAL MIT MEINEM EIGENEN WERT BESCHÄFTIGEN.

Ich begann ein Workshop-Konzept zu entwickeln, das Persönlichkeitsentwicklung und Business vereinte. Wir fuhren mit den Teilnehmern eine Woche auf eine Berghütte, um intensiv an diesen Dingen zu arbeiten.

Ich begann, mich immer mehr mit dem Thema Selbstliebe zu beschäftigen, und merkte, wie interessiert viele Menschen daran waren. Also startete ich einen Podcast dazu. Jede Woche erschienen neue Folgen zu unterschiedlichen Themen, die nicht nur für Selbstständige, sondern für alle Menschen interessant waren.
Diese Zielgruppe wurde plötzlich immer größer. Ich ging einen Schritt weiter und begann, Selbstliebe-Abende in ganz Deutschland anzubieten. Ein Abend, an dem man sich selbst näherkommt, frei tanzen kann, wertvolle Begegnungen mit anderen hat und sich einfach mal wieder in sich selbst fallen lassen darf.

Ich wurde aktiv auf Instagram und erzählte irgendwann, dass es mein großer Traum sei, ein Buch zu schreiben und ein Kind zu kriegen. Und nur ein paar Tage später erhielt ich eine Mail vom Fischer Verlag: Wir wollen mit dir arbeiten! Die Schwester einer Teilnehmerin von unserer Intensivwoche arbeitete dort im Verlag, so sind sie auf mich aufmerksam geworden, verfolgten mich schon einige Zeit und fanden toll, was ich so mache.

Dann erschien mein erstes Buch. Wie du jetzt ja auch schon weißt, habe ich es mit viel Visualisieren und einer Bestellung beim Universum (und natürlich auch guter Arbeit) auf die Spiegel-Bestseller-Liste geschafft. Dadurch kamen Fernsehauftritte zustande, neue Interviews, eine wöchentliche Kolumne in der Zeitung und viele andere tolle Angebote. Alles hat sich seit dem letzten Buch wieder verändert. Und trotzdem liebe ich es immer noch, zu fotografieren und Workshops zu geben.
Jetzt zieht es mich mehr auf die Bühnen, ich liebe es, andere zu motivieren, zu inspirieren und ihnen Mut zu machen, sich für die eigenen Träume groß zu machen. Ich hatte die Idee von einem Selbstliebe-Retreat in Kombi-

nation mit Yoga, um den Menschen mehr Liebe für sich selbst zu geben, und fuhr nur ein halbes Jahr später mit acht tollen Frauen nach Holland, um genau das zu erleben!

Und jetzt noch mal zur Pointe: Wer hätte vor fünf Jahren gedacht, dass ich mal ein Buch schreibe oder irgendwas zum Thema Selbstliebe erzähle? Wenn ich immer bei dem geblieben wäre, was ich gemacht habe, wäre ich nie zu dem gekommen, was mich heute so erfüllt.

Der Prozess ist das Geheimnis. Die Chancen erkennen, ihnen auch vertrauen, manchmal eine Abzweigung nehmen und dem Ganzen eine Möglichkeit schenken, sich entwickeln zu dürfen.

Ich bin der festen Überzeugung, dass wir alle diese Chancen immer wieder vor die Füße gespielt bekommen, wir sie oft aber gar nicht erkennen oder nutzen können. Vermutlich denken wir: »Nee, das kann ich jetzt nicht machen.« Wir ärgern uns aber nur, wenn sich bei Menschen um uns herum plötzlich Dinge ergeben, die wir selbst gerne hätten.

ES LIEGT NICHT DARAN, DASS JEMAND MEHR GLÜCK HAT ODER FLEISSIGER IST. ES GEHT VIEL MEHR DARUM, DASS ANDERE SCHNELLER DEN MUT ZU FINDEN, DIE DINGE EINFACH MAL AUSZUPROBIEREN. WEIL DIE ANGST, ZU VERSAGEN ODER ZU SCHEITERN, EINFACH NICHT EXISTENT IST.

Jede Entscheidung, jede Pause, jede Erkenntnis wird dich weiterbringen. Und so ist das auch mit unseren Gefühlen. Sie verändern sich ununterbrochen. Manchmal fühlen wir uns glücklich und leer gleichzeitig. Manchmal hat der beschissenste Tag ein schönes Ende oder im größten Erfolg spüren wir ein bisschen Wehmut.

KEIN GEFÜHL IST FÜR IMMER. DAS KANN AUF DER EINEN SEITE ANGST MACHEN, ABER AUF DER ANDEREN KANN ES AUCH ENTLASTEN UND LEICHT SEIN. LASS ES ZU, MACH ES NICHT WEG UND VOR ALLEM: LEHNE DICH NICHT SO SEHR AUF.

Veränderung ist ein Prozess, der dich weiterbringt, nicht zurückwirft. Der Stillstand ist die wahre Bedrohung. Stillstand bedeutet, sich nicht mehr zu entwickeln. Also sei dir bewusst, dass jede Veränderung ein wichtiger Schritt in deinem Prozess sein kann.

Die Geschichte über meine Entwicklung soll dir Mut machen. Mut, die Dinge auch einfach mal anders zu machen. Vielleicht findest du deine eigene Berufung, und sie verändert sich nach ein paar Monaten wieder. Vielleicht kehrst du nach Jahren wieder zu etwas zurück, was du früher schon mal gemacht hast. Vielleicht wachst du eines Morgens auf und spürst, dass sich deine Leidenschaft oder dein Hobby supergut mit deinem Beruf verbinden kann. Oder du triffst eine Person, mit der du den Mut findest, dich selbstständig zu machen.

Du darfst deine Persönlichkeit immer wieder verändern und neu justieren. Die Veränderung ist dabei der wichtigste Prozess. Manchmal hast du dabei vielleicht das Gefühl, dass das alles gar nicht zusammenpasst, keinen Sinn ergibt. Und sobald du wieder mehr Abstand von diesem Gedanken nimmst, deine Perspektive oder deine Rolle veränderst, mehr in die weibliche Energie gehst und vertraust, wirst du merken, dass es sich fügt. Dass jede große Entstehung ein Prozess ist, in dem man auch mal zweifeln darf. Doch das Vertrauen in dich selbst sollte immer der größte Part sein. Glaube an deine innere Heldin, vertraue ihrer Intuition, kenne deinen Fokus und deine Rollen. Strahle das aus, was du in deinem Leben haben möchtest, und lebe nach dem Gesetz der Anziehung.

Und ich gebe dir mein Wort: Dein Leben wird sich zum Positiven verändern. Vertraue dem Prozess.

Mit diesem Kapitel sind wir auch schon am Ende dieses Workbooks angekommen. Und ich wünsche dir von Herzen, dass du deiner Heldin zwischen all diesen Seiten begegnet bist. Dass du dir selbst begegnet bist und verstehst, dass in dir etwas Wundervolles entstehen darf. Es kann gut sein, dass du manche Kapitel mehrfach lesen möchtest. Erst mal eine Pause brauchst. Vielleicht möchtest du aber auch direkt mit dem Umsetzen beginnen.

Vertraue auf dein Gefühl. Du weißt, was für dich am besten ist.

WOMIT FÜHLE ICH MICH IN MEINEM LEBEN WOHL?

WOMIT FÜHLE ICH MICH UNWOHL? WAS MÖCHTE ICH ÄNDERN?

WIE GEHE ICH DAS AN?

WER HILFT MIR?
WER BLOCKIERT MICH?

WO SEHE ICH MICH IN EINEM JAHR?

WIE MACHE ICH MICH SICHTBAR?

WWW.FRAUHERZ.DE

www.frauherzfotografie.de

www.instagram.de/frauherz

Podcast laut & glücklich | Podcast mit Frau He

Ich freue mich, wenn ich dich auch nach diesem Buch noch weiter begleiten darf. Wenn du dich mehr mit dem Thema Persönlichkeitsentwicklung beschäftigen willst, empfehle ich dir meinen Podcast »laut & glücklich mit Frau Herz«.

Solltest du eine brennende Idee haben, Unterstützung bei der Strategie, Marketing, Branding, Logo, Website brauchen oder Fotos benötigen, kontaktiere mich gerne per Mail, und ich schicke dir alles zu meinem Sichtbarmacher-Programm zu.

Ansonsten freue ich mich, wenn wir uns auf einem meiner Workshops oder Retreats kennenlernen. Alle Termine findest du auf meiner Website.

Deine Alexandra

Von der Magie, deine eigene Heldin zu sein
Ein Selbstliebe-Kompass
16,00 € (D) / 16,50 € (A) | ISBN 978-3-7335-0576-9

Tischaufsteller
Selbstliebe-Impulse für wertvolle Tage
13,00 € (D) / 13,40 € (A) | ISBN 978-3-7335-0674-2

Loslassen bindet
ein Mutter-Tochter-Hörbuch
www.frauherz.de/shop

Selbstbewusstsein & Ausstrahlung
Webinaraufzeichnung
www.frauherz.de/shop

EIN PERSÖNLICHES GESCHENK *für Dich!*

Um all die angefangen Themen zu vertiefen, habe ich ein wundervolles Geschenk für dich! Viele Monate habe ich an einem Onlinetraining gearbeitet, dass dir helfen soll, deine Selbstliebe zu vertiefen, dich körperlich mehr anzunehmen und deine eigene Wahrheit nicht nur zu finden, sondern auch zu leben. Meditationen, Übungen, Aufgaben und wöchentliche Videos warten auf dich! Mit diesem Rabattcode bekommst du 100 Euro Rabatt auf deinen Onlinezugang und kannst Schritt für Schritt an dir selbst und deiner Zukunft arbeiten. Nimm es selbst in die Hand!

WWW.FRAUHERZ.DE/GESCHENK
RABATT: **HELDININDIR**

DANKE *für alles*

Danke an jeden Menschen, der mich auf meiner Reise begleitet. An meine Freunde, meine Familie und Wegbegleiter. Danke für all die Liebe, die Unterstützung, für geteilte Euphorie und gemeinsame Visionen. Ihr seid die Besten!

Danke, Sascha, für unser Leben und deine Liebe. Für all den Raum, den du mir gibst, und unsere Nähe, das blinde Vertrauen und all dein Verständnis bei meinen emotionalen Aussetzern :-) Danke, dass ich deine Kleine und die Große gleichzeitig sein darf.

Danke, Alexandra, für all die wundervollen Bilder, die das Buch noch lebendiger und schöner machen. Danke für deine Loyalität über all die Jahre, deine Aufrichtigkeit, deine Zuverlässigkeit, und deine Kreativität.
Mehr von Alex: *www.alexandra-maria-fotografie.de*